Este libro pertenece a:

Un regalo para ti

¡Muchas gracias por comprar este libro! Como presente para tus hijos, me encantaría ofrecerles algunos obsequios adicionales GRATUITOS para que los descarguen y disfruten.

Abre la cámara de tu teléfono (como si fueras a hacer una foto.) mantén el teléfono sobre el código QR de abajo, entonces aparecerá un enlace en tu pantalla. ¡Pulsa sobre el enlace para obtener tu descarga gratuita!

Sé que tus hijos disfrutarán de este libro tanto como yo he disfrutado al crearlo. Estaría muy agradecida de recibir una reseña tuya en Amazon. Así ayudarás a que este libro llegue a manos de más niños que podrían beneficiarse de él. ¡Muchas gracias por tu contribución!
Mel x

Cuando te sientas preparado para dejar una reseña, simplemente vuelve a esta página y utiliza tu teléfono para escanear el código QR de abajo. Te llevará directamente a la página de reseñas de Amazon.

¡Muchas gracias ,

Mel xo

Cómo utilizar este libro

Pensando en su educación y desarrollo, este libro ha sido creado para permitir que los niños se relajen y al mismo tiempo se diviertan. Nada me da más alegría que ver a mis hijos aprender jugando. Como madre ocupada, encuentro paz y consuelo en las herramientas educativas que puedo incorporar al tiempo de juego. Practican su motricidad fina y sus funciones cerebrales coloreando, haciendo ejercicios de unir puntos, sopas de letras, dibujos y mucho más. Recomiendo dos cosas, utilizar un lápiz, por si tu hijo siente la necesidad de borrar algo... y lo más importante, ¡que se diviertan!
- Mel xo

Ayuda al unicornio a llegar al arco iris

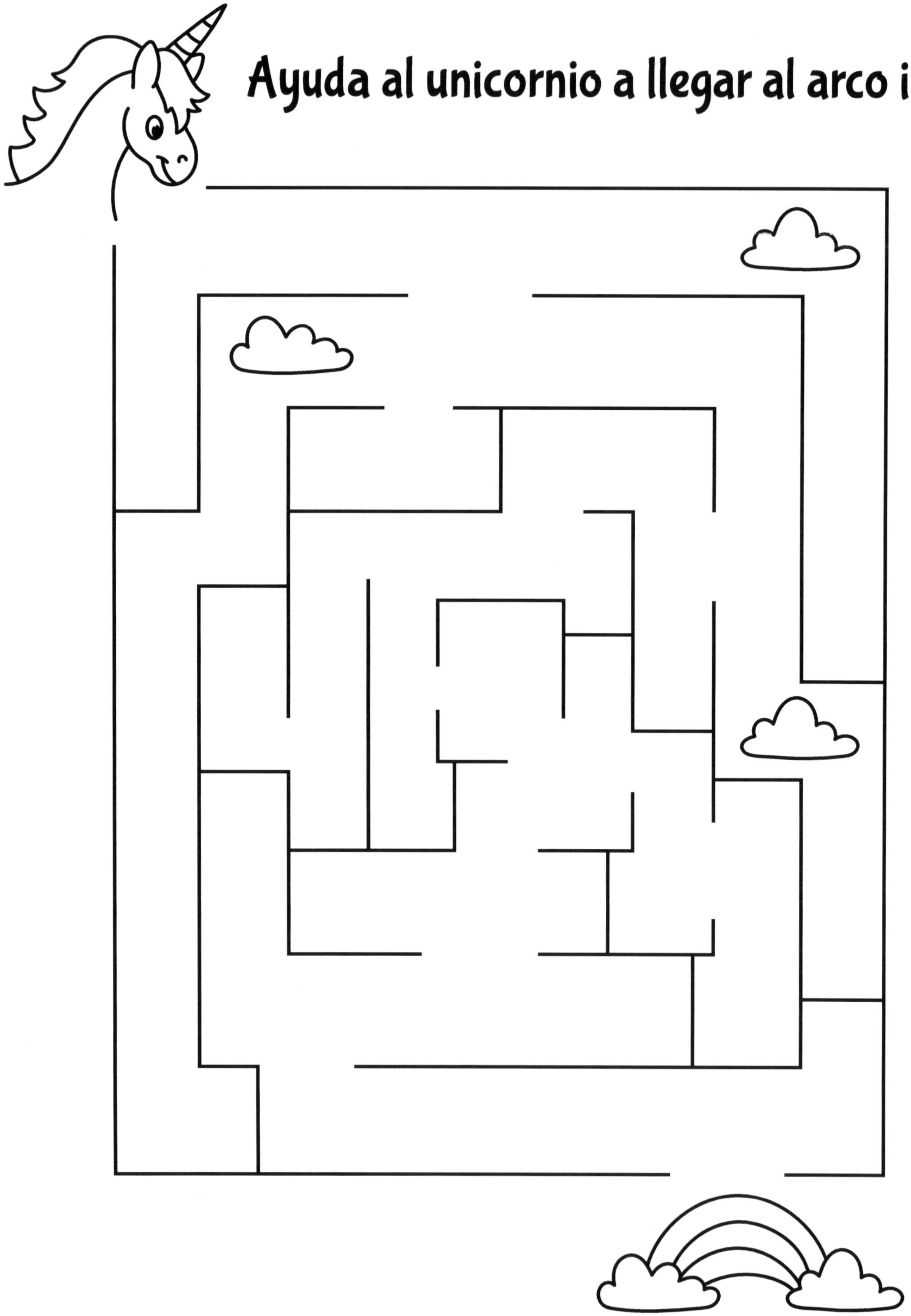

Encuentra la sombra

Sopa de letras sobre el clima

Q	N	I	E	B	L	A	R	C	O
R	D	L	Ü	O	L	W	J	A	R
Ñ	E	D	T	R	U	E	N	O	N
Y	O	L	G	E	V	E	I	N	O
Q	W	D	Á	R	I	Ü	H	D	R
O	I	A	A	M	A	T	P	I	Q
F	G	K	W	E	P	N	W	Z	J
Ü	I	R	I	S	L	A	I	I	Z
N	U	B	E	S	W	O	G	Z	Ó
T	O	R	N	A	D	O	S	O	O

Soleado
Lluvia
Trueno
Relámpago
Nieve

Arco iris
Niebla
Nubes
Granizo
Tornado

Encuentra las 7 diferencias entre estas imágenes

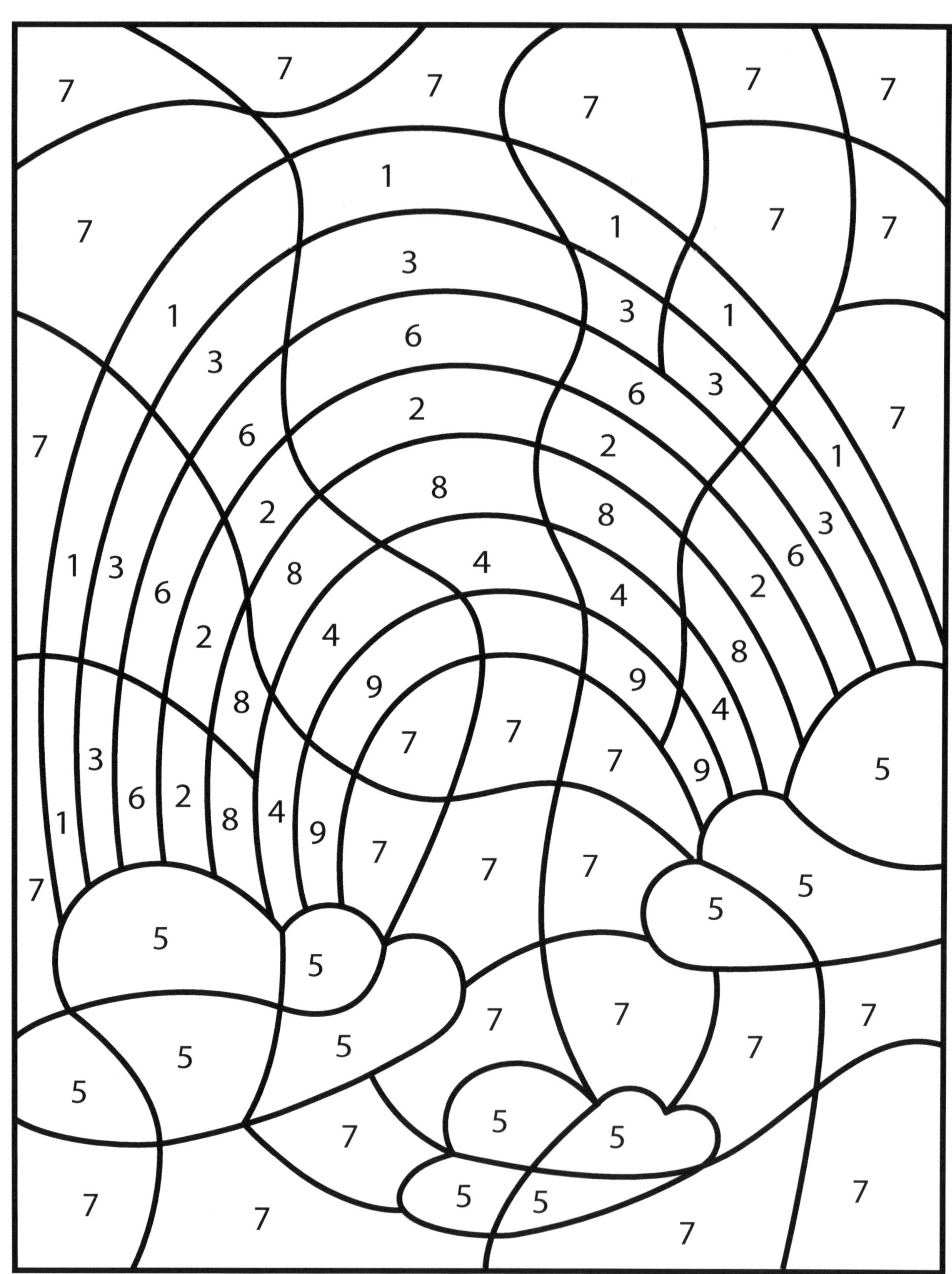

1 – rojo 2 – verde 3 – naranja 4 – azul 5 – rosa
6 – amarillo 7 – azul oscuro 8 – celeste 9 – morado

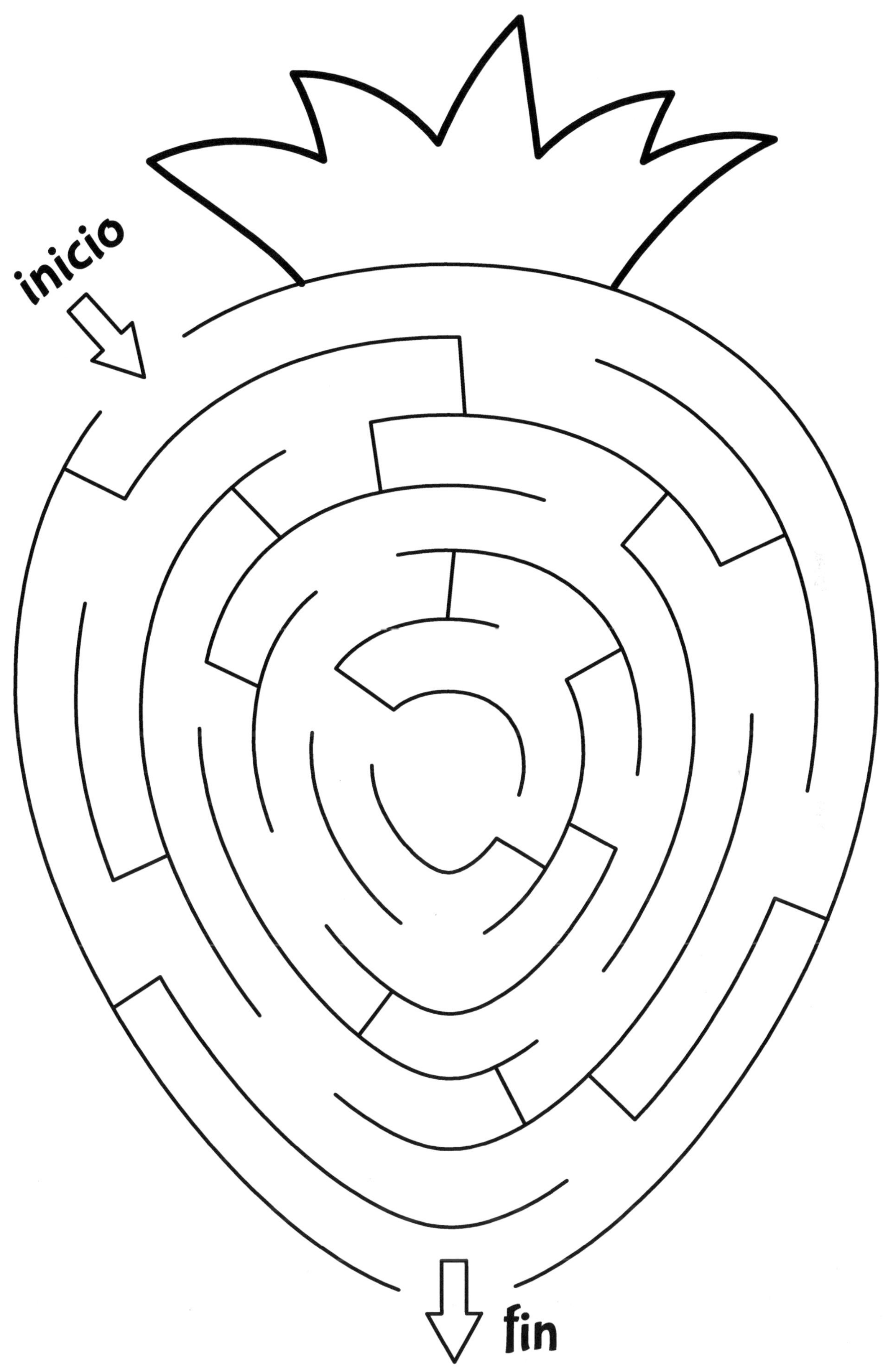
inicio
fin

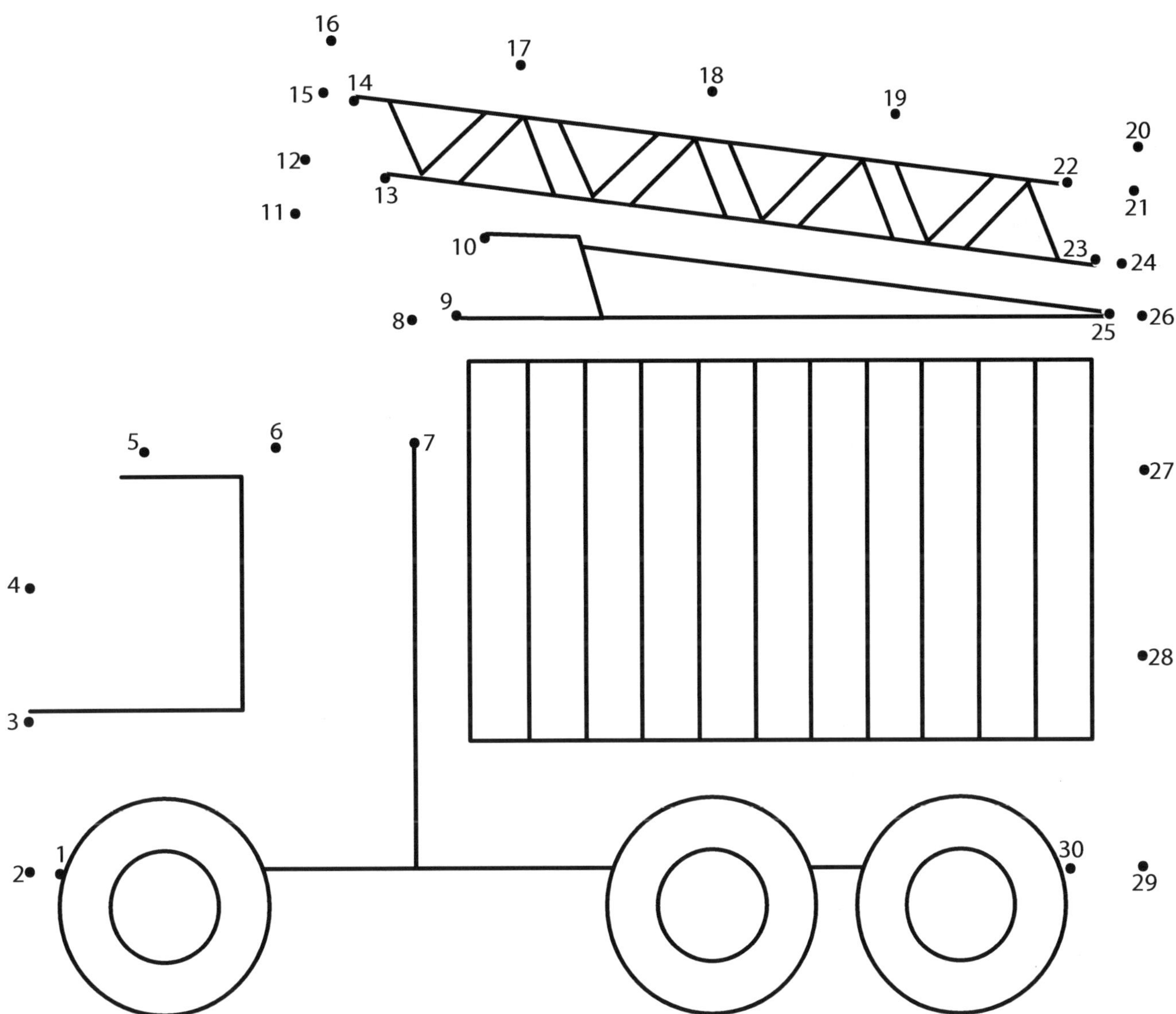

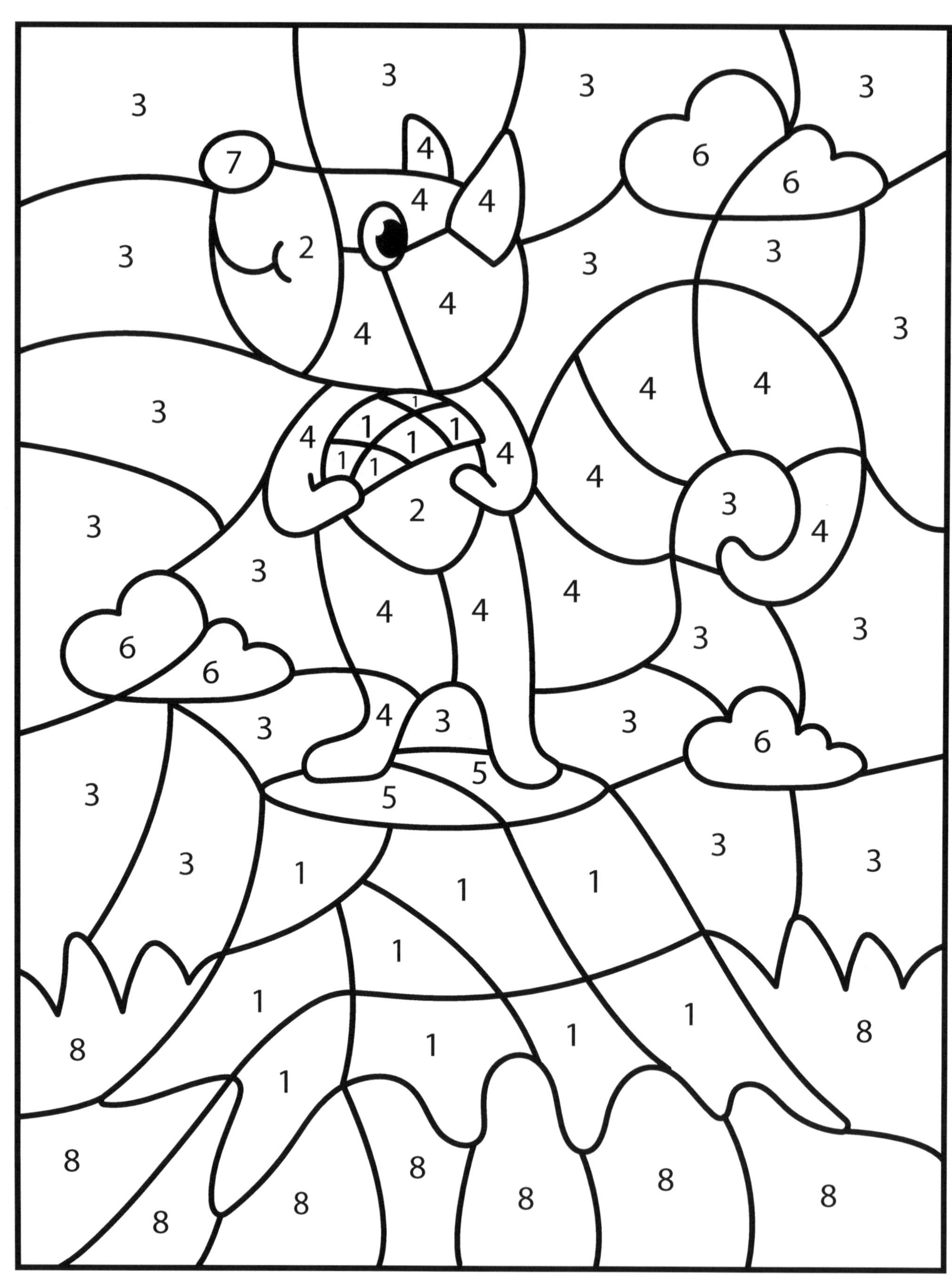

1 – marrón 2 – melocotón 3 – azul 4 – naranja
5 – amarillo 6 – celeste 7 – negro 8 – verde

Ayuda a la sirena a llegar a la caracola

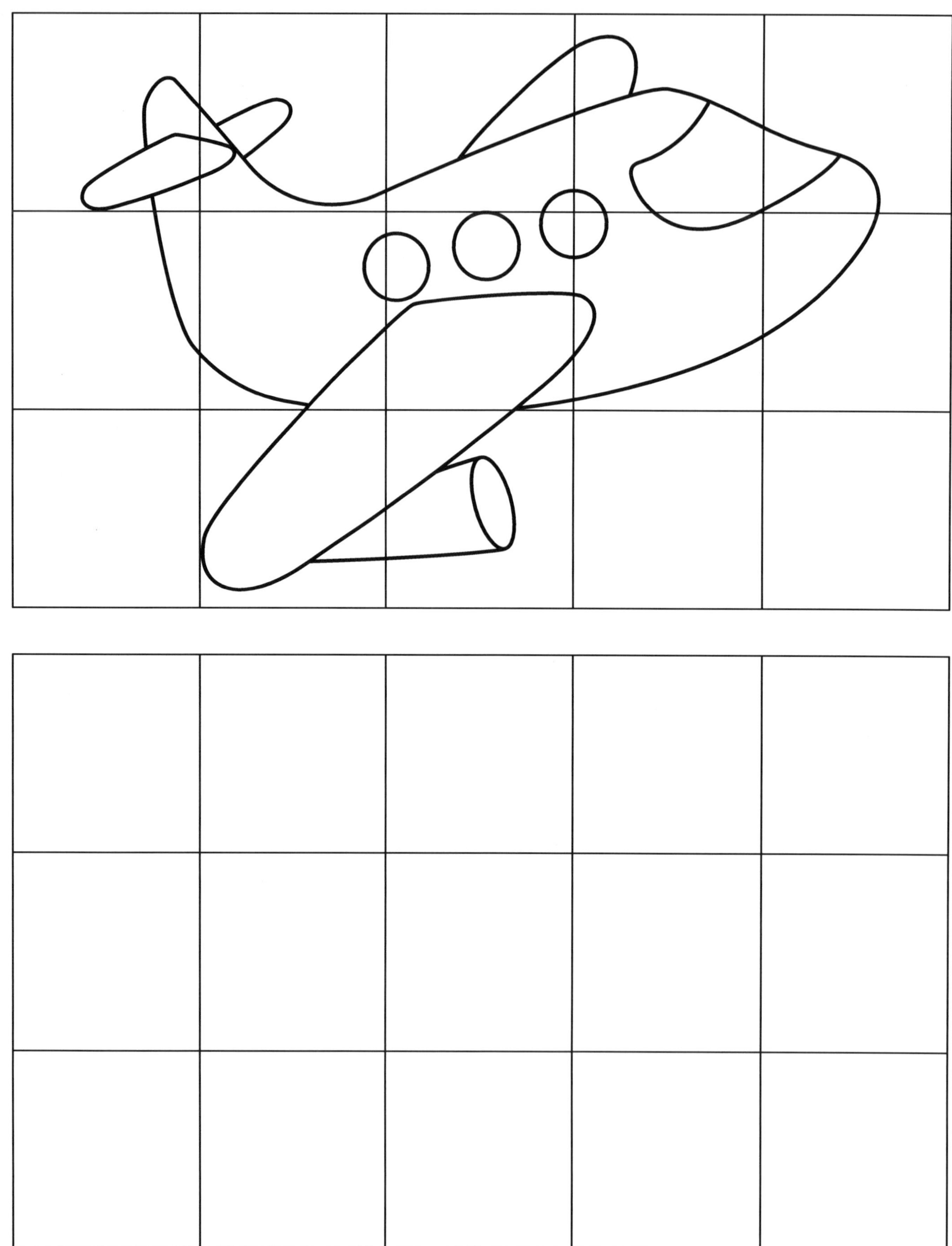

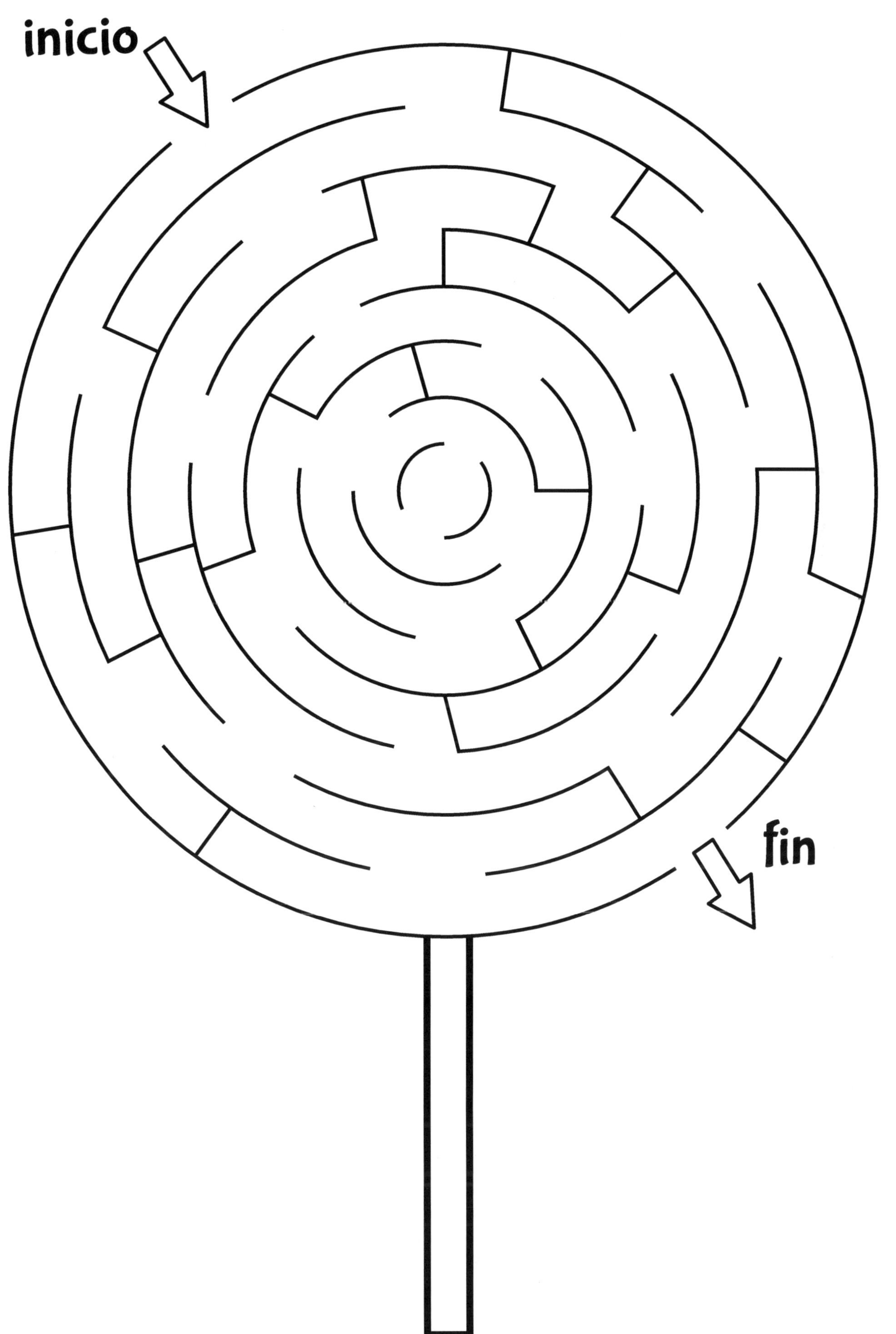
inicio
fin

1 – negro 2 – naranja 3 – amarillo 4 – azul
5 – blanco 6 – rojo 7 – celeste 8 – verde

Encuentra las 6 diferencias entre estas imágenes

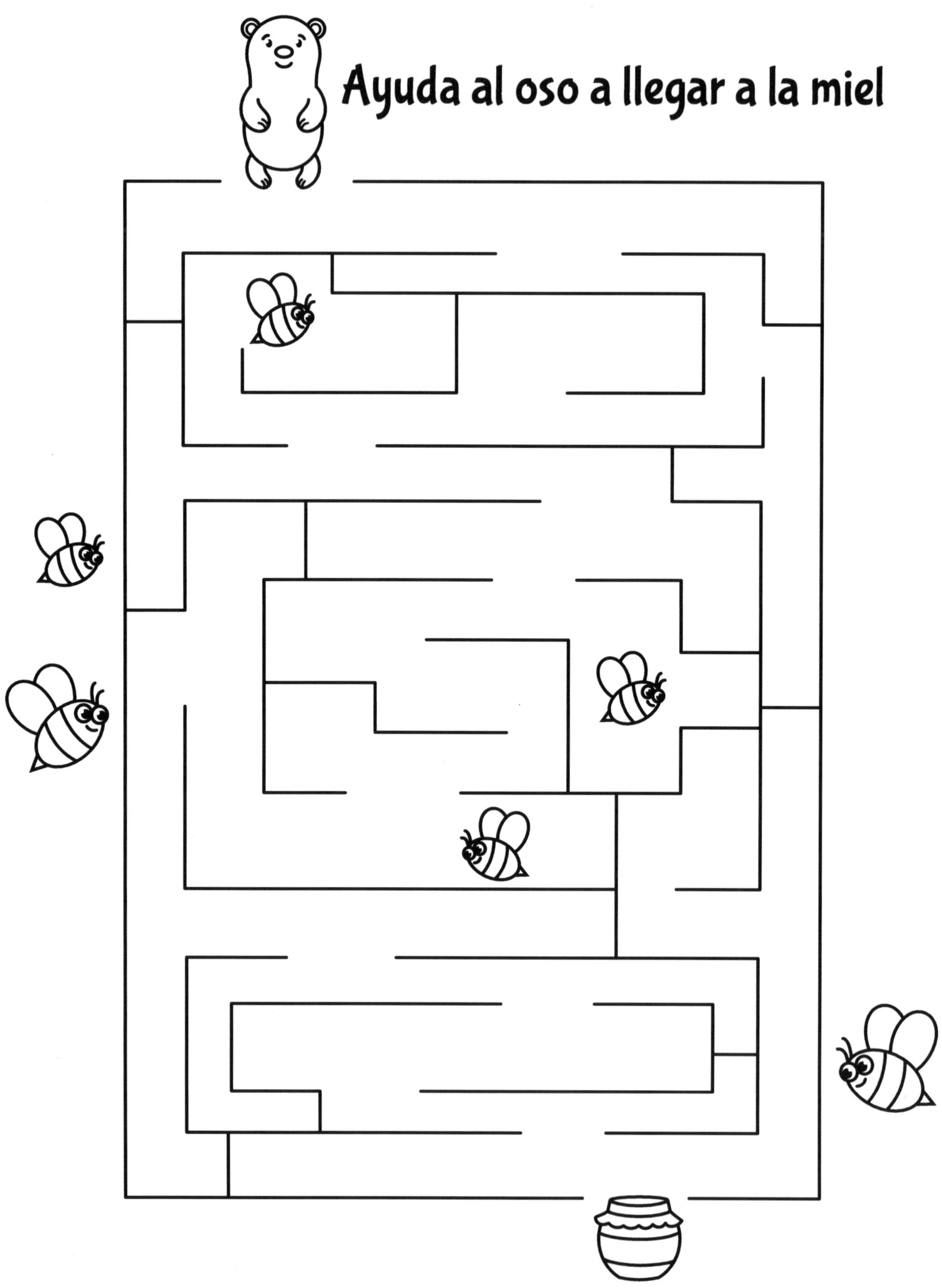
Ayuda al oso a llegar a la miel

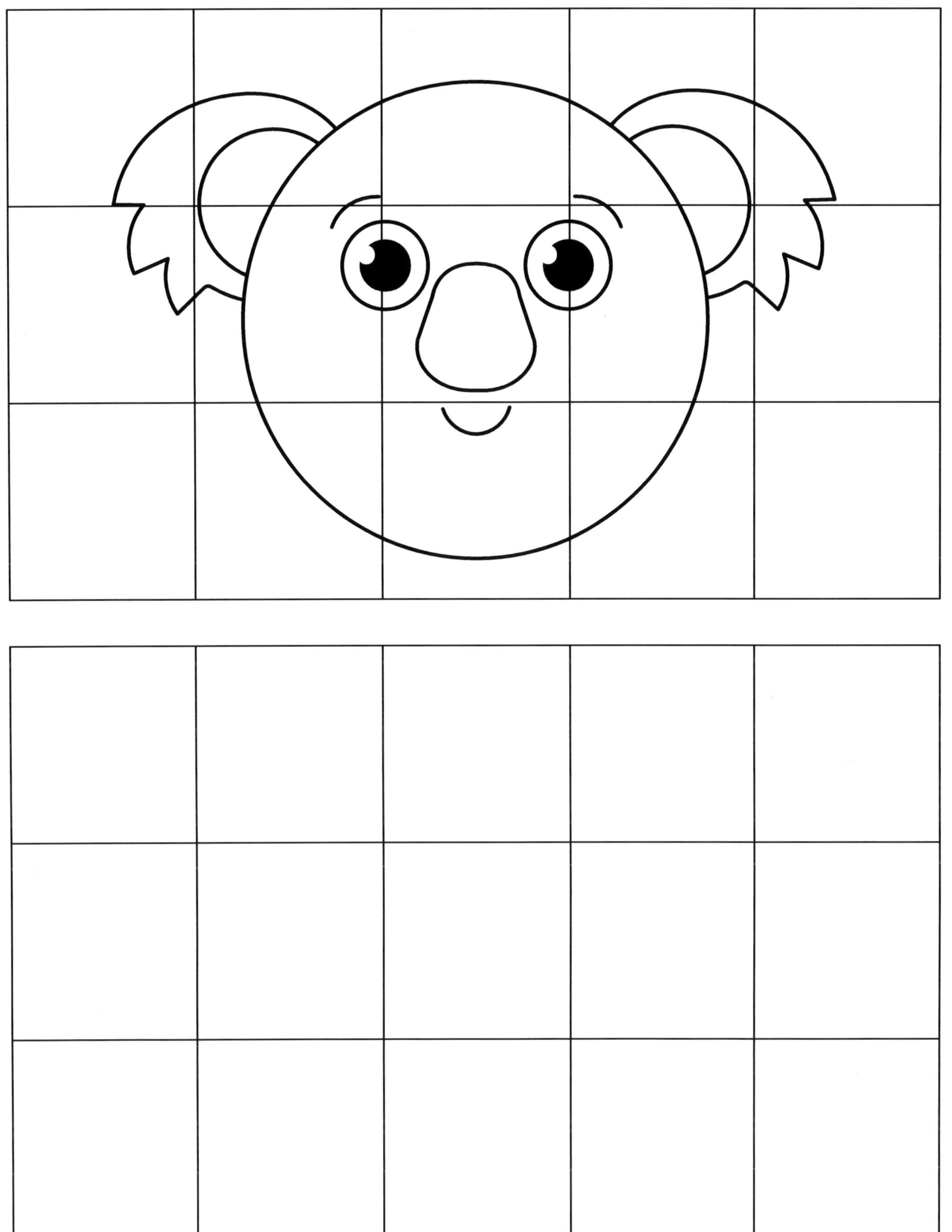

Encuentra la sombra

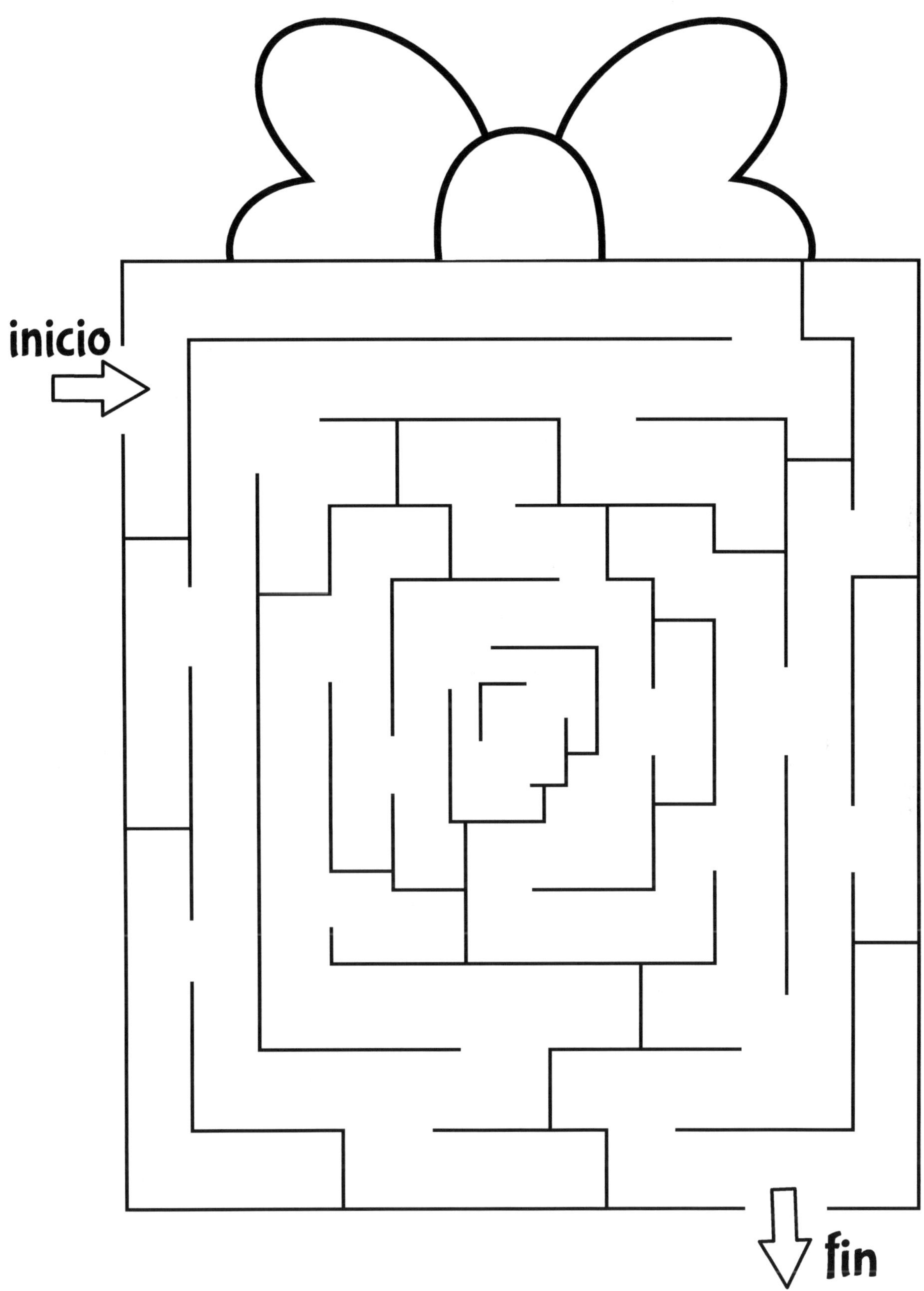
inicio
fin

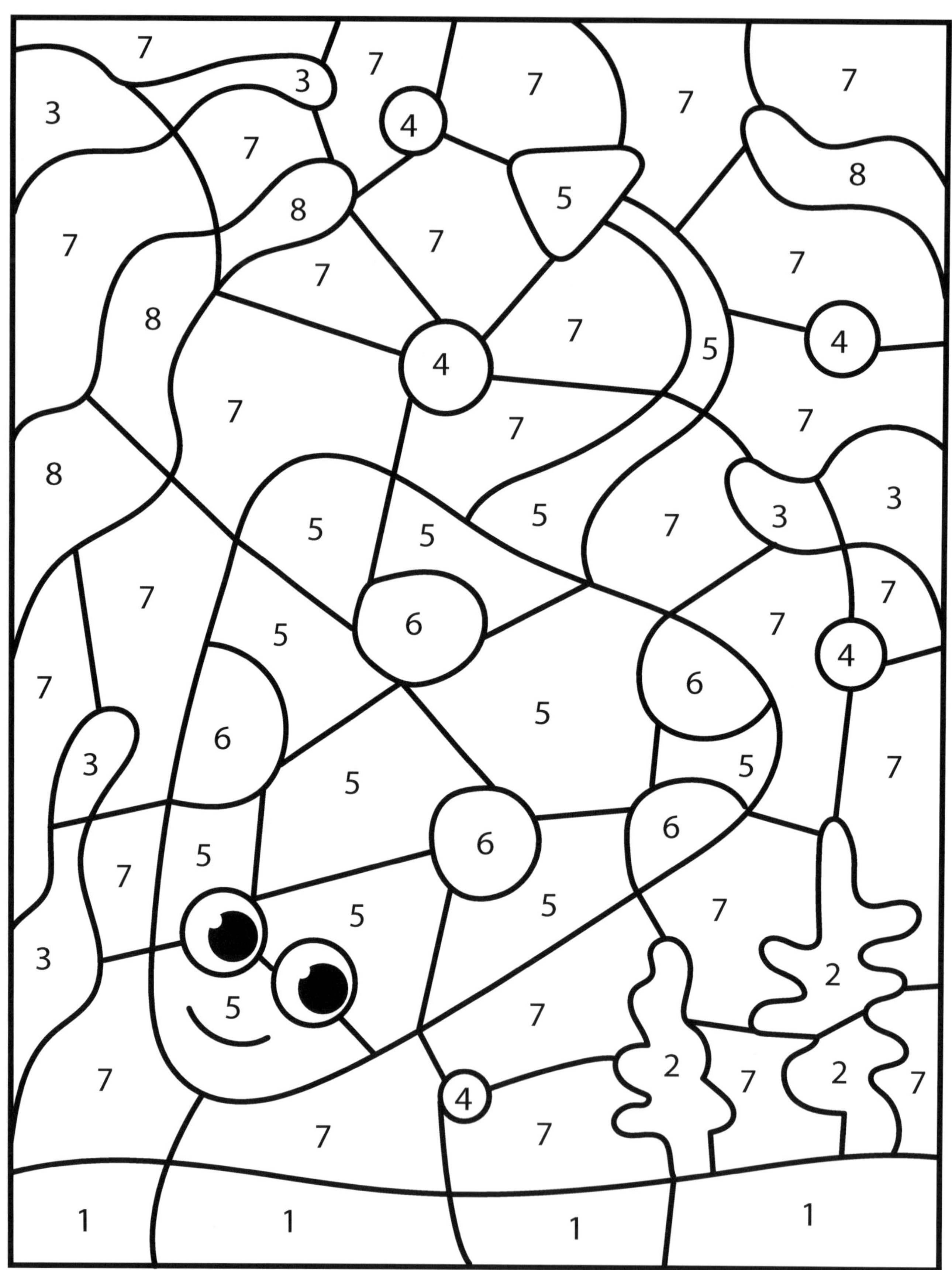

1 – naranja 2 – rojo 3 – verde 4 – celeste
5 – morado 6 – negro 7 – azul 8 – verde claro

1 – rosa 2 – rojo 3 – verde 4 – naranja 5 – amarillo
6 – morado 7 – azul 8 – celeste 9 – melocotón

Ayuda a la gatita hambrienta a conseguir su pescado

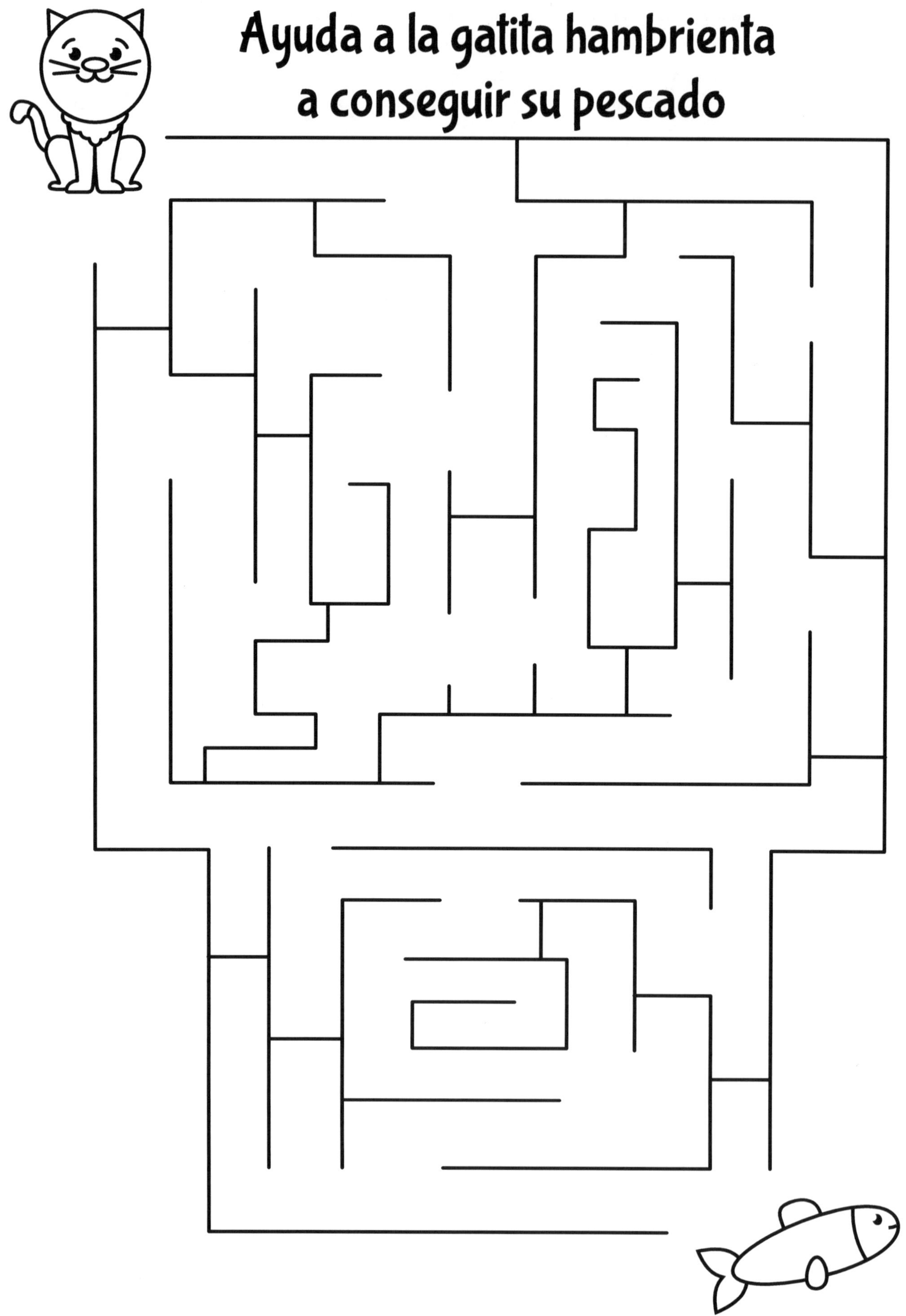

Encuentra las 7 diferencias entre estas imágenes

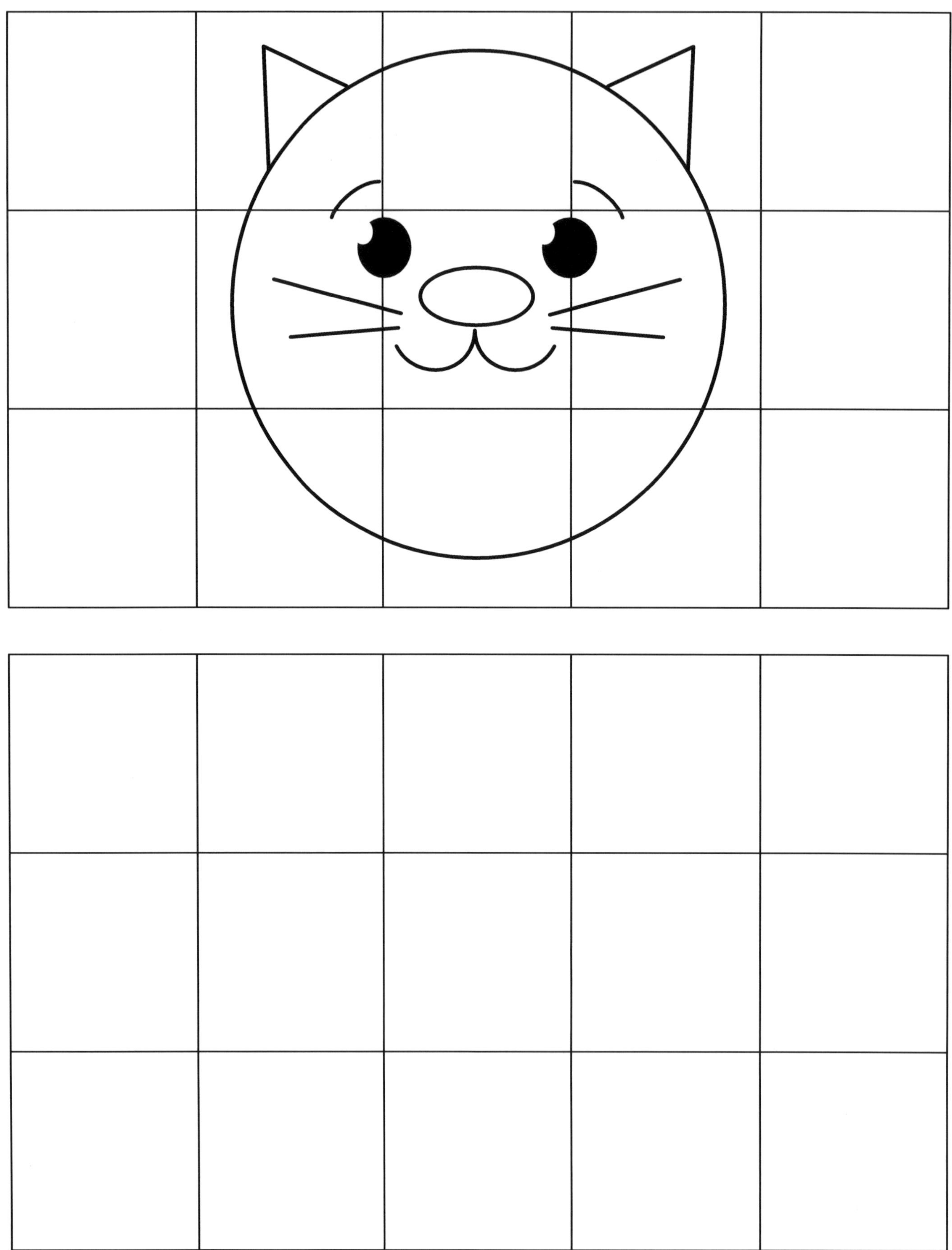

1 – rojo   2 – verde   3 – amarillo   4 – verde claro

5 – marrón   6 – naranja   7 – azul   8 – celeste

Sopa de letras sobre Transportes

A	T	E	L	C	I	C	I	B	E
R	S	E	E	N	U	M	S	Á	H
F	O	K	É	Ó	N	O	U	Z	C
U	I	T	I	I	J	T	B	F	O
U	A	Y	C	M	O	O	M	R	C
Q	V	G	W	A	O	N	A	B	W
I	I	T	O	C	R	E	R	A	Q
L	Ó	P	N	E	R	T	I	R	S
H	N	J	A	C	W	A	N	C	X
A	U	T	O	B	Ú	S	O	O	D

Camión
Avión
Coche
Barco
Tren

Submarino
Tractor
Bicicleta
Motoneta
Autobús

Sopa de letras de frutas

O	O	X	P	X	U	O	I	Y	A
E	N	M	O	V	T	A	Z	J	J
Y	A	A	A	Ñ	I	P	K	B	N
T	T	N	D	T	A	K	D	M	A
H	Á	Z	H	N	E	S	A	P	R
X	L	A	É	L	Á	N	E	A	A
K	P	N	M	K	G	R	R	R	N
B	U	A	M	O	D	E	A	Z	F
P	W	O	I	S	P	N	Ü	F	O
P	F	R	A	M	B	U	E	S	A

Manzana
Plátano
Uva
Fresa
Naranja

Pera
Mango
Piña
Frambuesa
Arándano

inicio
fin

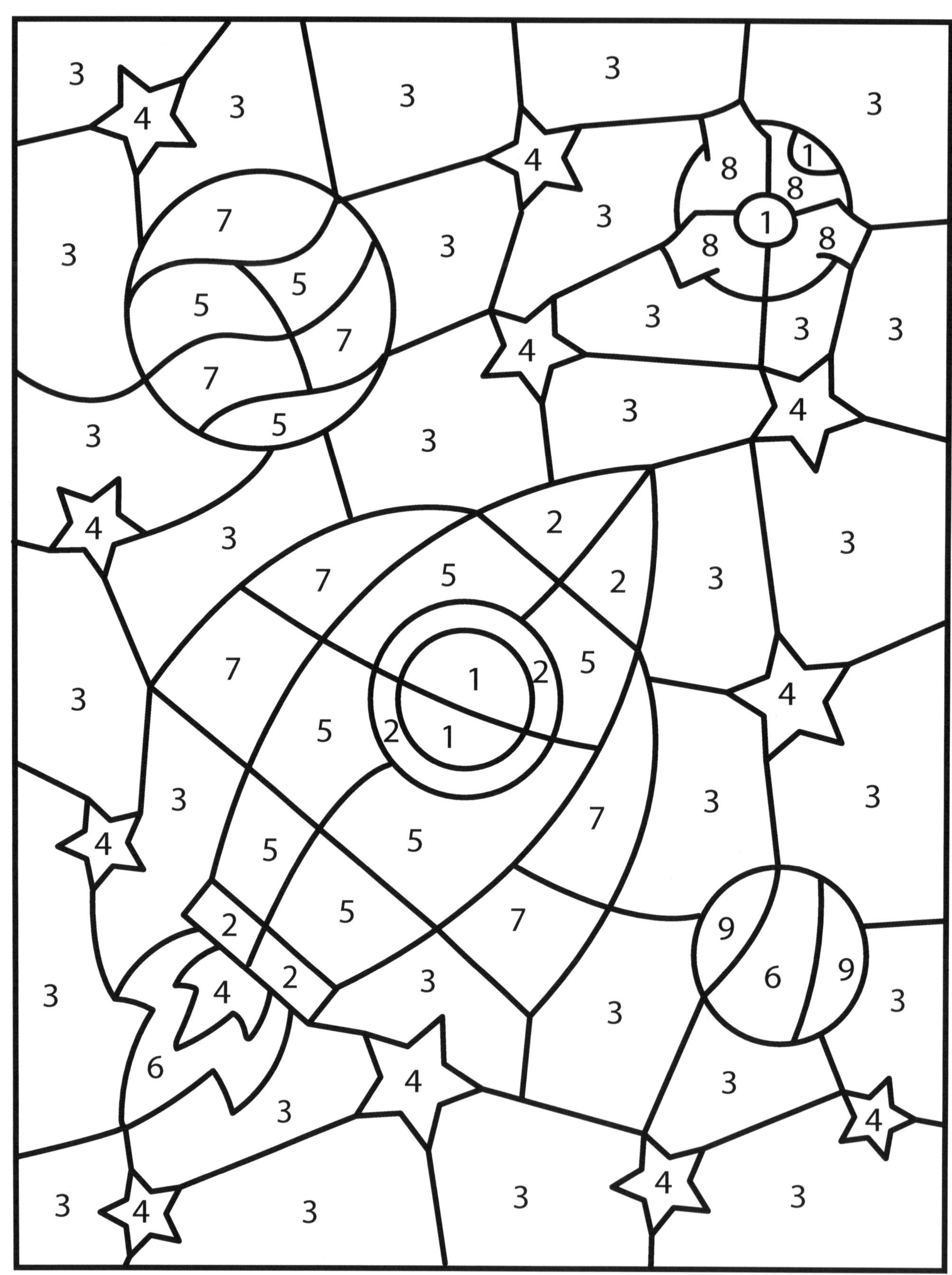

1 – negro **2** – rojo **3** – azul oscuro **4** – amarillo
5 – azul **6** – naranja **7** – verde **8** – gris **9** – morado

Encuentra las 6 diferencias entre estas imágenes

inicio
fin

1 – verde 2 – amarillo 3 – rojo 4 – marrón
5 – azul 6 – celeste 7 – naranja 8 – rojo oscuro

Ayuda al pirata perdido a llegar a su barco

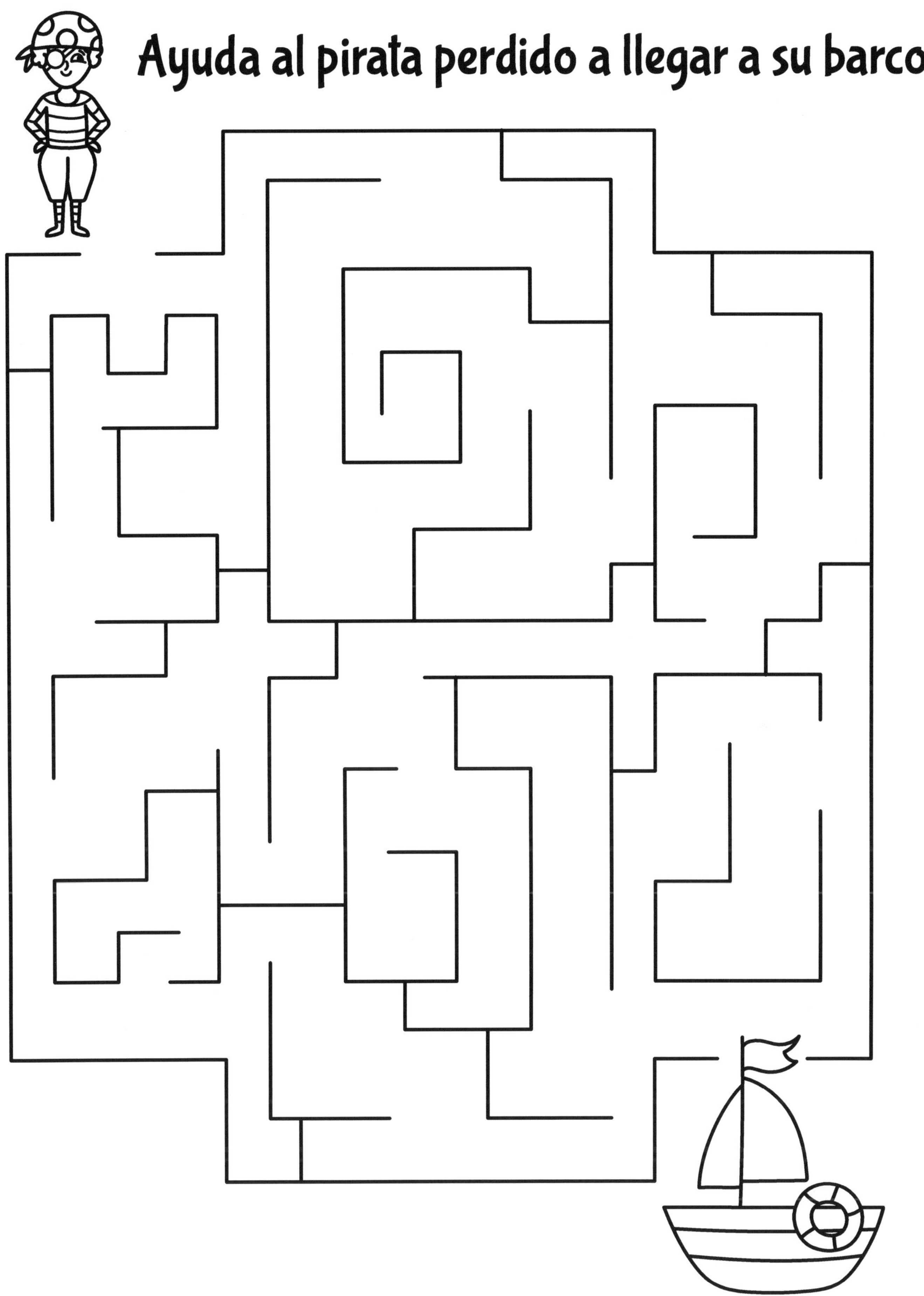

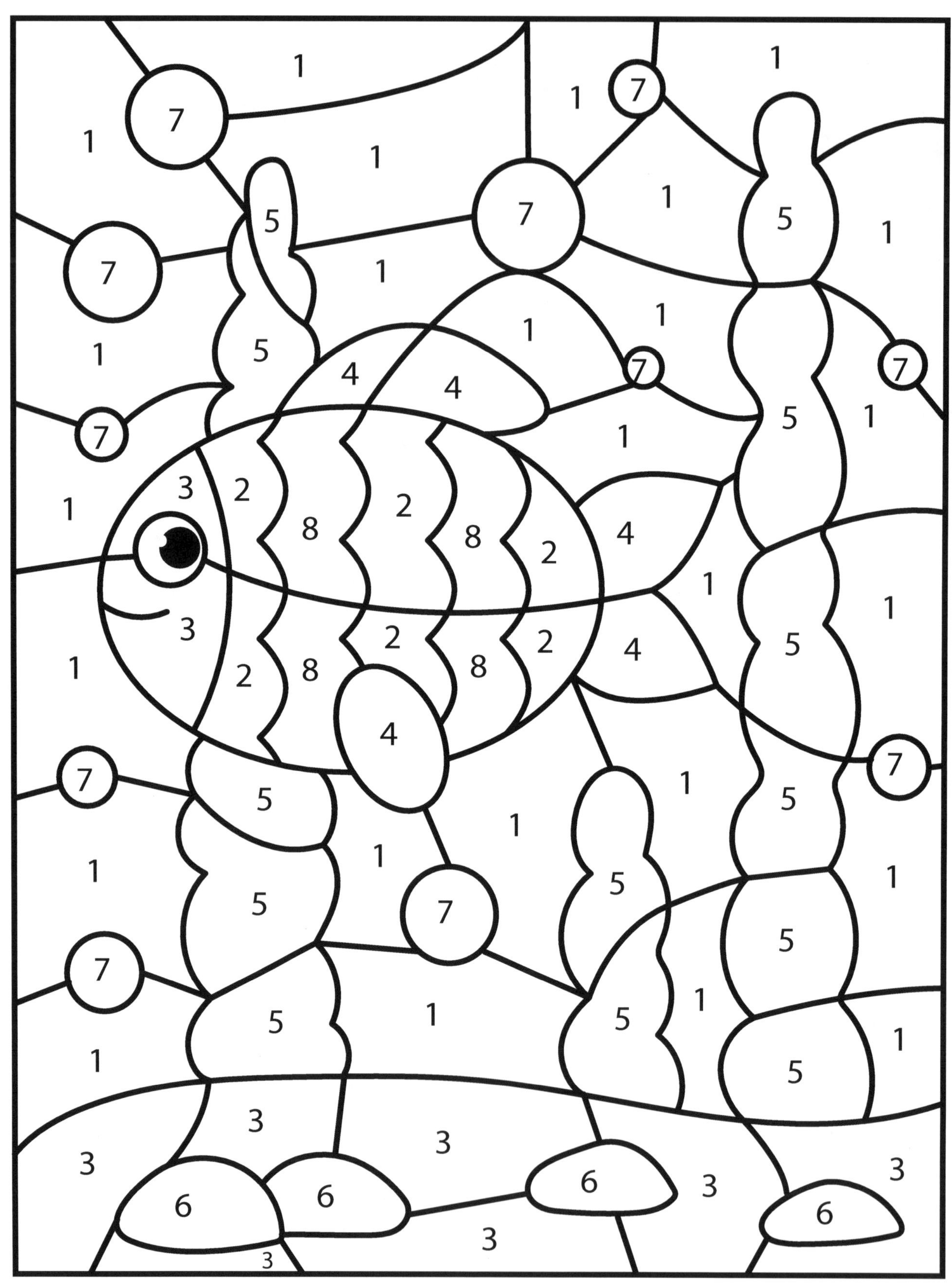

1 – azul 2 – rojo 3 – amarillo 4 – naranja
5 – verde 6 – marrón 7 – celeste 8 – rosa

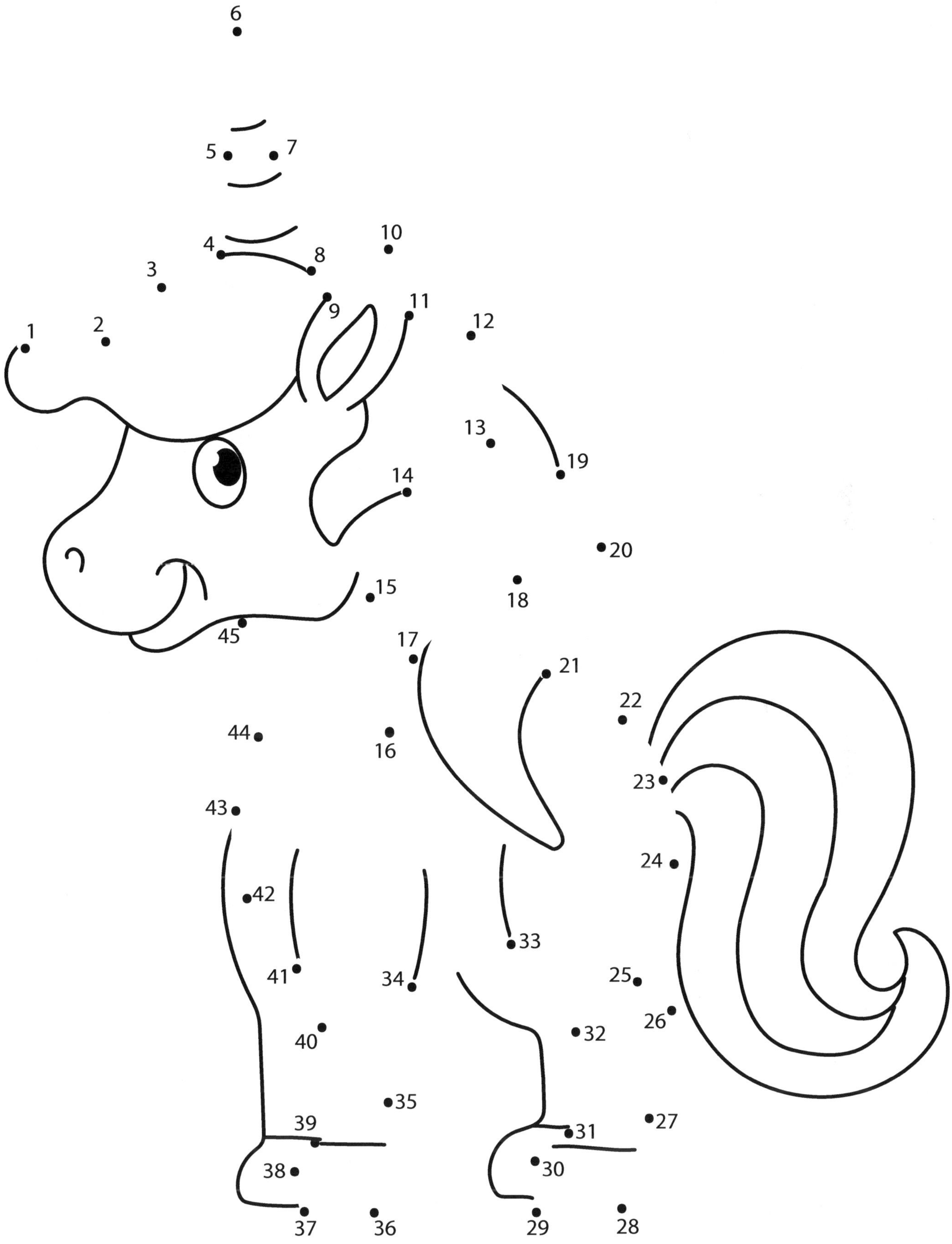
1
2
3
4
5
6
7
8
9
10
11
12
13
14
15
16
17
18
19
20
21
22
23
24
25
26
27
28
29
30
31
32
33
34
35
36
37
38
39
40
41
42
43
44
45

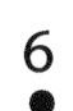

1 – gris 2 – negro 3 – verde 4 – azul 5 – marrón
6 – claro 7 – beige 8 – verde oscuro

Sopa de letras sobre animales africanos

X	L	E	Ó	N	B	L	B	Ü	O
M	B	Ñ	E	X	Z	Z	E	E	T
O	M	A	T	Ó	P	O	P	I	H
N	L	E	O	P	A	R	D	O	Z
O	J	I	R	A	F	A	W	V	Á
E	T	N	E	I	P	R	E	S	C
C	O	C	O	D	R	I	L	O	N
O	D	R	A	P	E	U	G	C	E
R	H	A	R	B	E	C	O	Ü	H
E	T	N	A	F	E	L	E	R	L

León
Elefante
Cocodrilo
Guepardo
Leopardo

Serpiente
Cebra
Jirafa
Mono
Hipopótamo

1 – melocotón 2 – naranja 3 – verde 4 – turquesa
5 – azul 6 – celeste 7 – rosa 8 – morado

Encuentra las 6 diferencias entre estas imágenes

Ayuda al extraterrestre a encontrar el OVNI

1
2
3
4
5
6
7
8
9
10
11
12
13
14
15
16
17
18
19
20
21
22
23
24
25
26
27
28
29
30
31
32
33
34
35
36
37
38
39
40
41
42
43
44
45
46
47
48
49
50

Encuentra las 6 diferencias entre estas imágenes

1 – naranja 2 – verde 3 – amarillo 4 – marrón 5 – rojo
6 – verde claro 7 – rosa 8 – azul 9 – celeste

Encuentra la sombra

Ayuda al delfín a encontrar la pelota

1 – marrón 2 – celeste 3 – verde 4 – amarillo 5 – gris
6 – verde oscuro 7 – azul oscuro 8 – azul 9 – naranja

Sopa de letras sobre colores

S	F	V	F	A	Z	U	L	S	N
O	N	J	Ü	Q	A	A	W	F	S
R	D	E	L	L	V	M	A	K	W
C	D	A	C	E	S	A	S	F	C
O	S	Y	R	N	J	R	O	N	M
J	R	D	B	O	R	I	R	Ó	T
O	E	G	C	Q	M	L	H	R	T
R	J	B	E	I	S	L	R	R	T
É	B	L	A	N	C	O	K	A	K
X	A	J	N	A	R	A	N	M	H

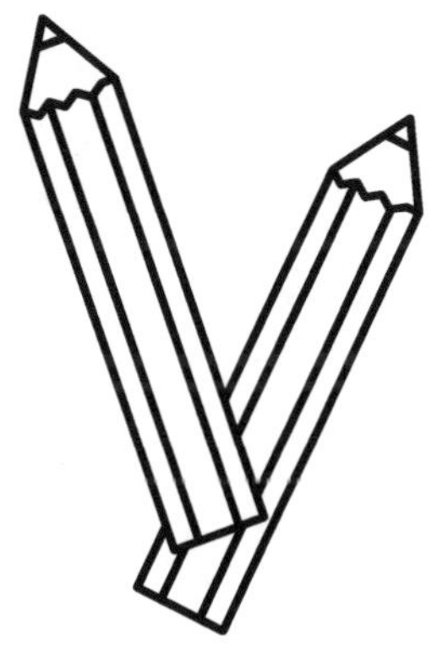

Rojo	Blanco
Verde	Rosa
Azul	Negro
Amarillo	Naranja
Morado	Marrón

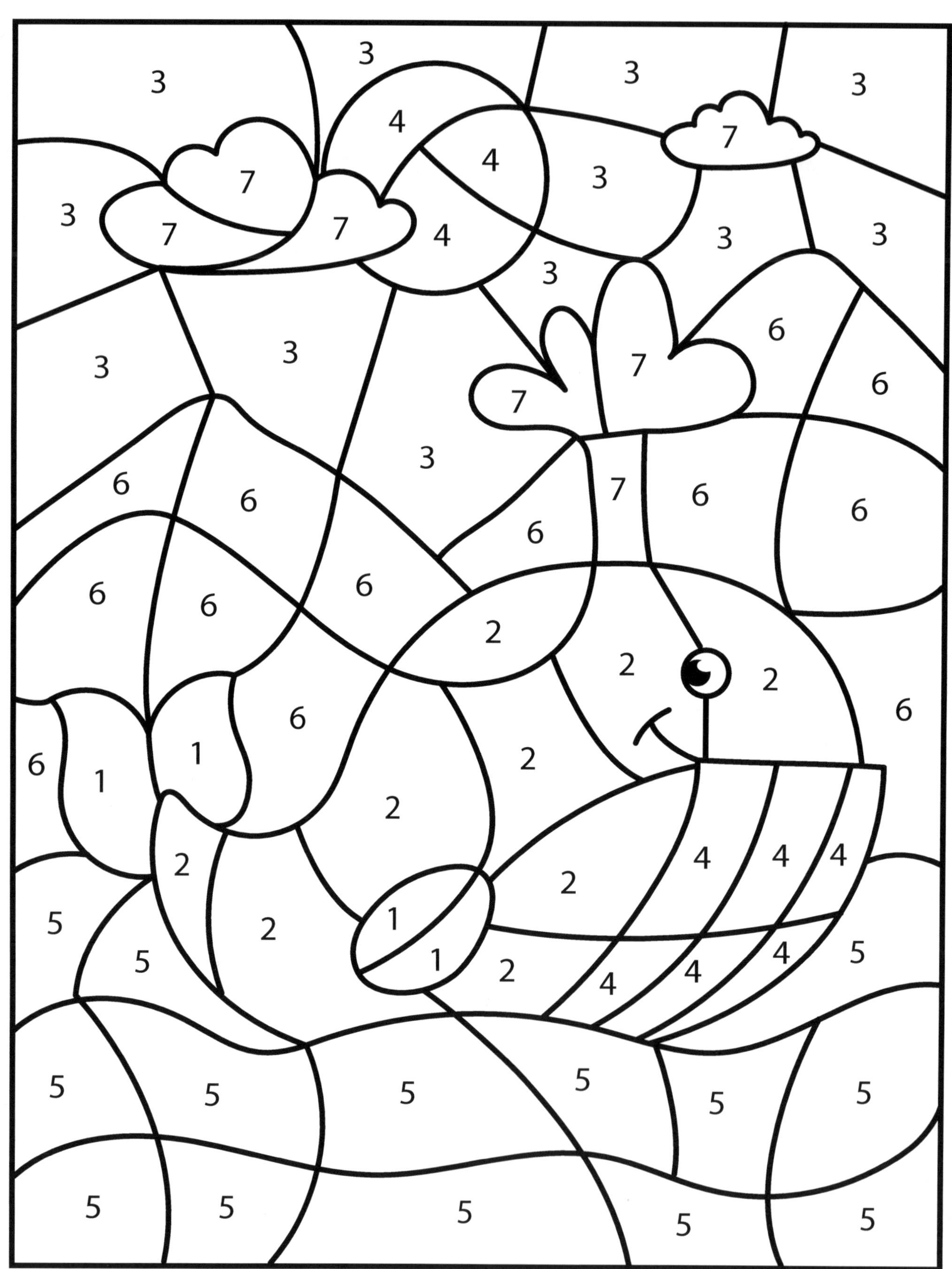

1 – negro 2 – gris 3 – azul 4 – amarillo
5 – turquesa 6 – morado 7 – celeste

1 – amarillo 2 – celeste 3 – melocotón 4 – rosa
5 – morado 6 – azul 7 – naranja 8 – amarillo claro

Ayuda al astronauta a llegar a su cohete

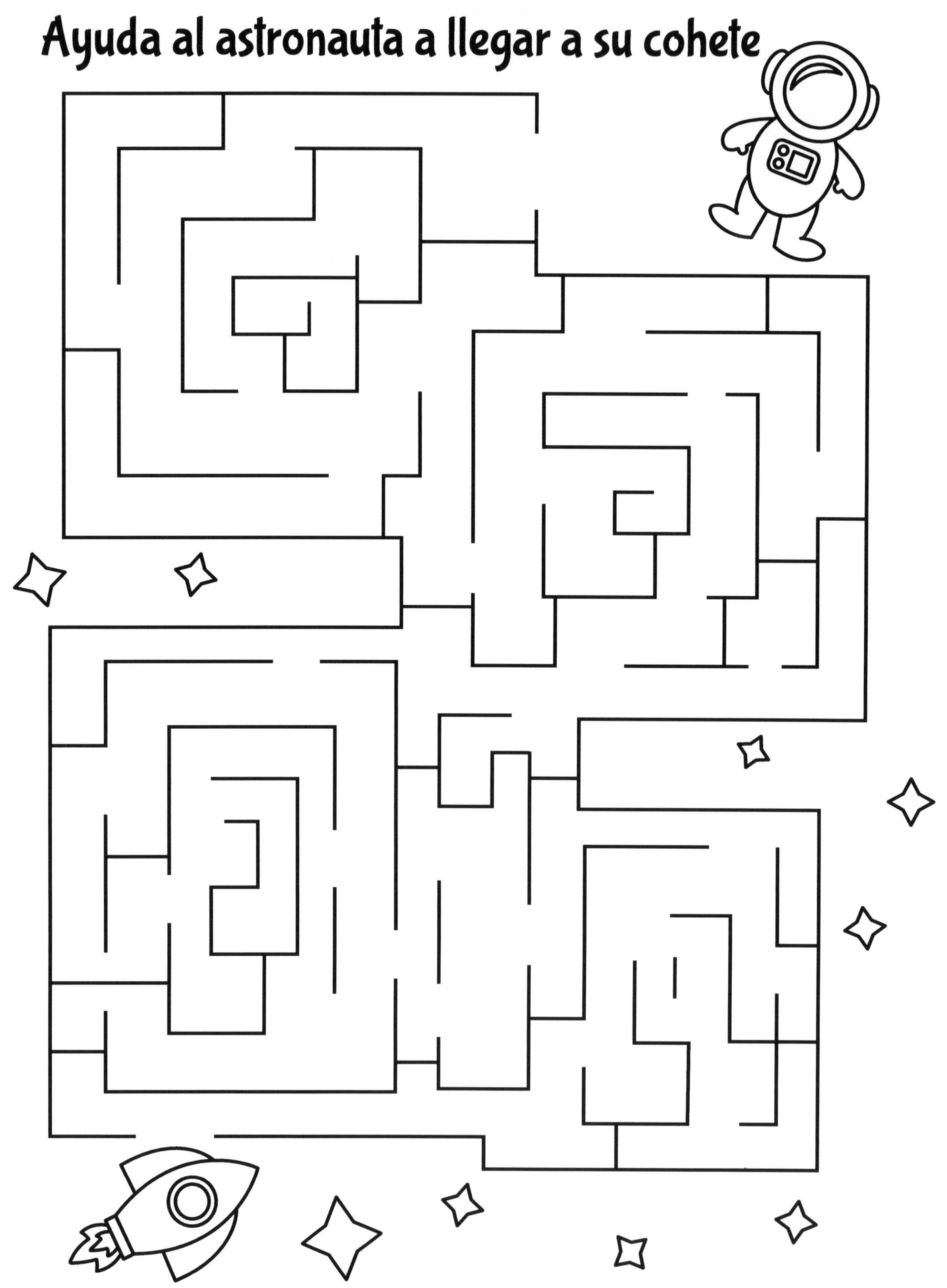

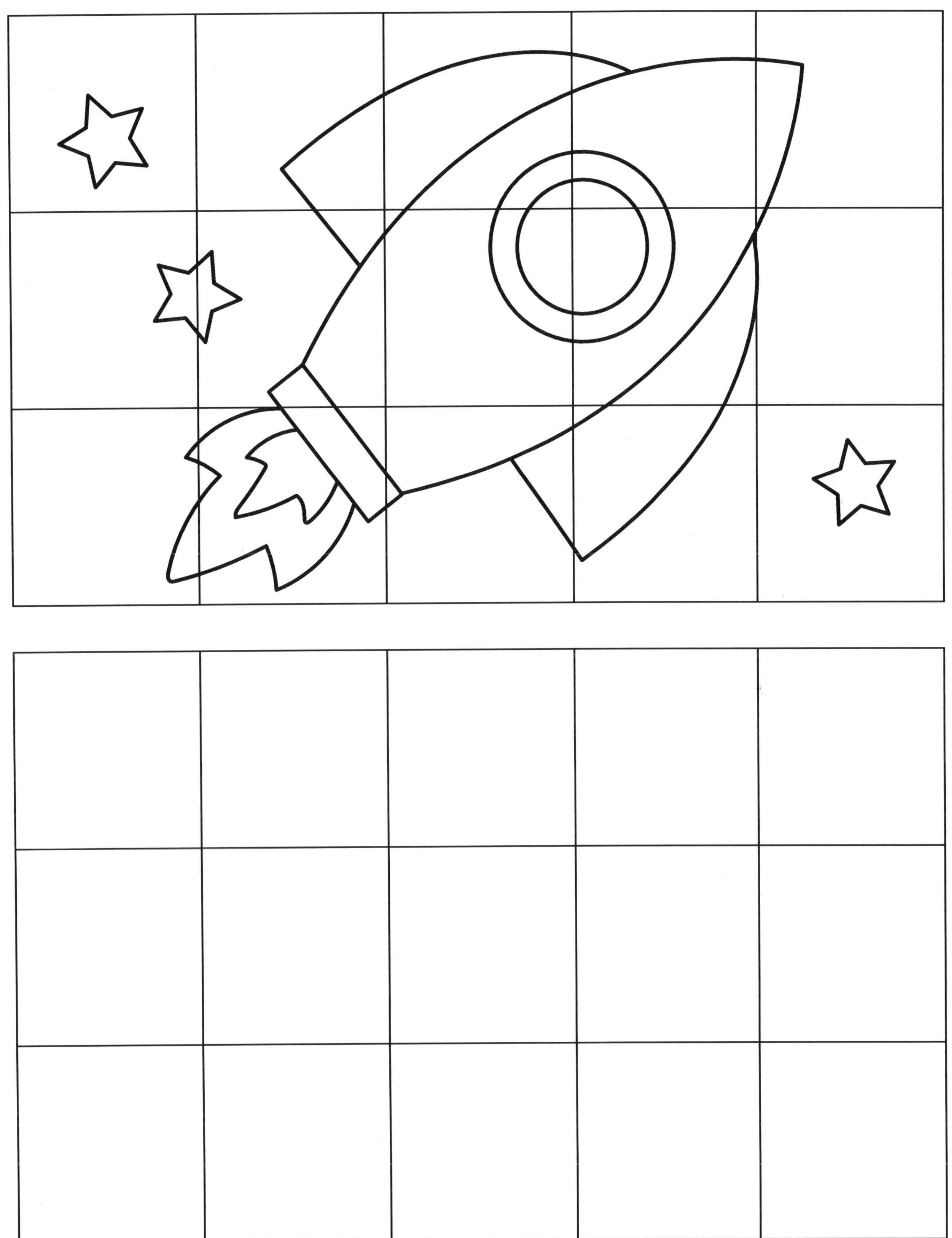

Encuentra la sombra

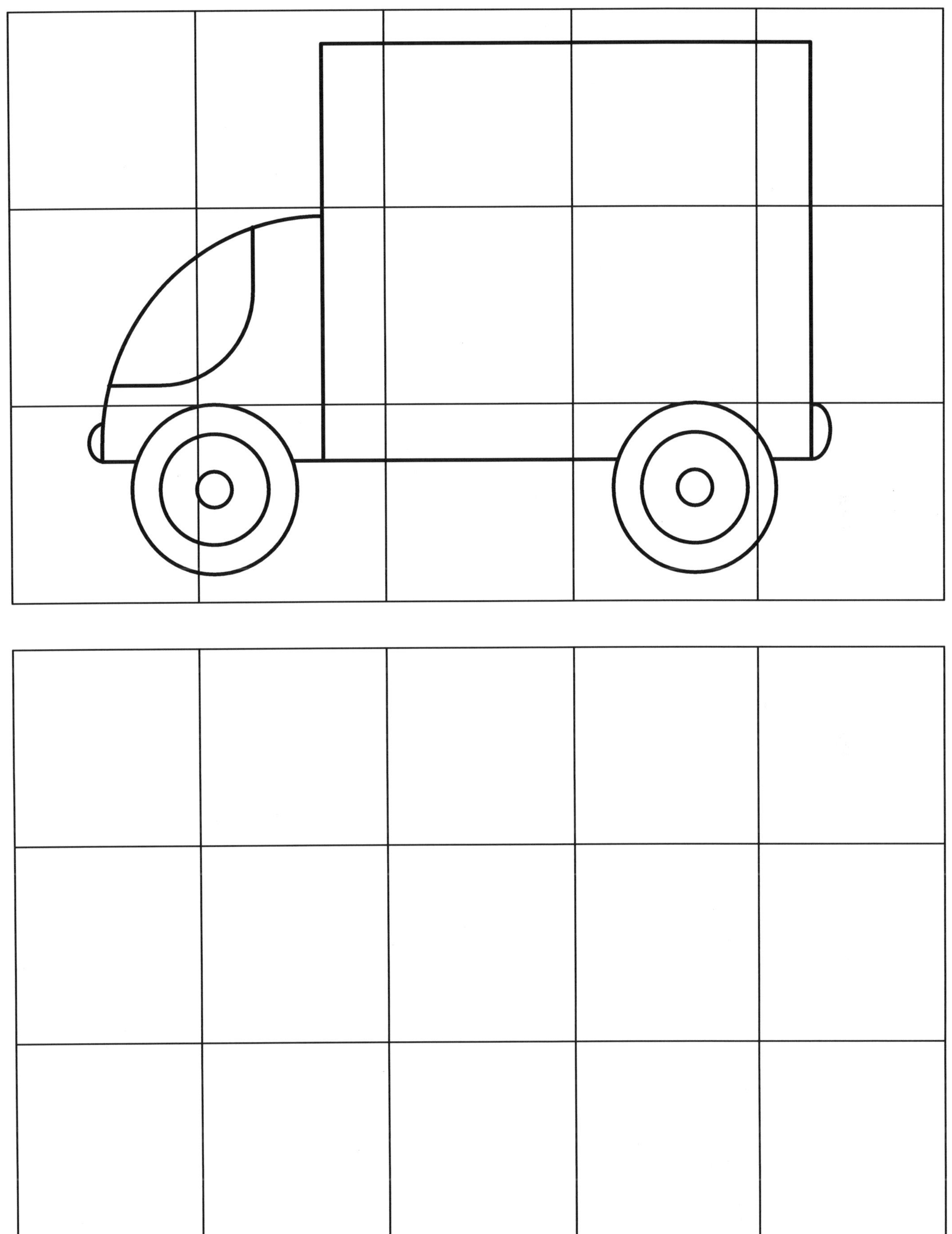

1 – rosa 2 – gris 3 – verde 4 – naranja
5 – celeste 6 – marrón 7 – azul

1 – amarillo 2 – marrón 3 – naranja 4 – azul oscuro
5 – melocotón 6 – verde 7 – negro

inicio
fin

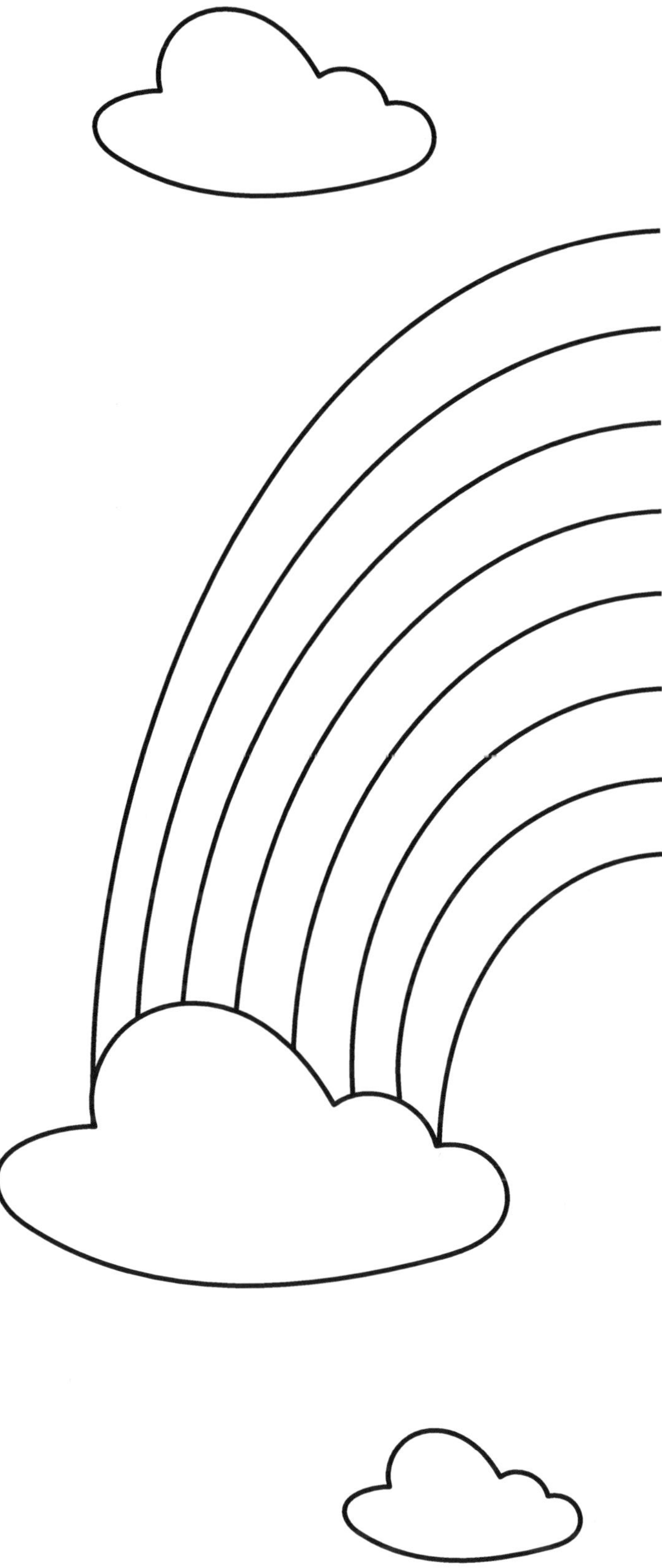

Ayuda al dinosaurio a llegar al volcán

Encuentra la sombra

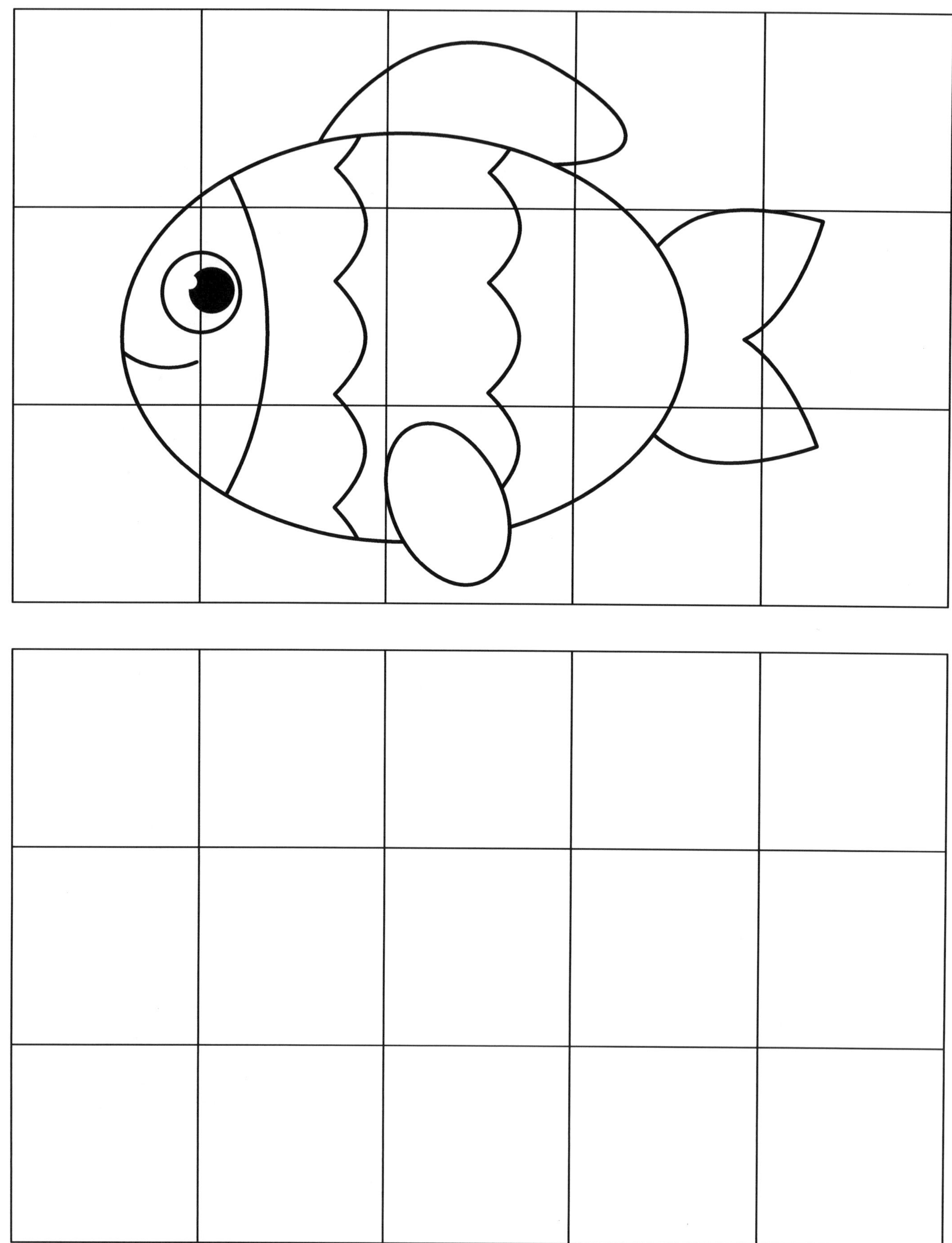

1 – gris 2 – rosa 3 – gris claro 4 – marrón
5 – verde 6 – azul 7 – verde claro 8 – negro

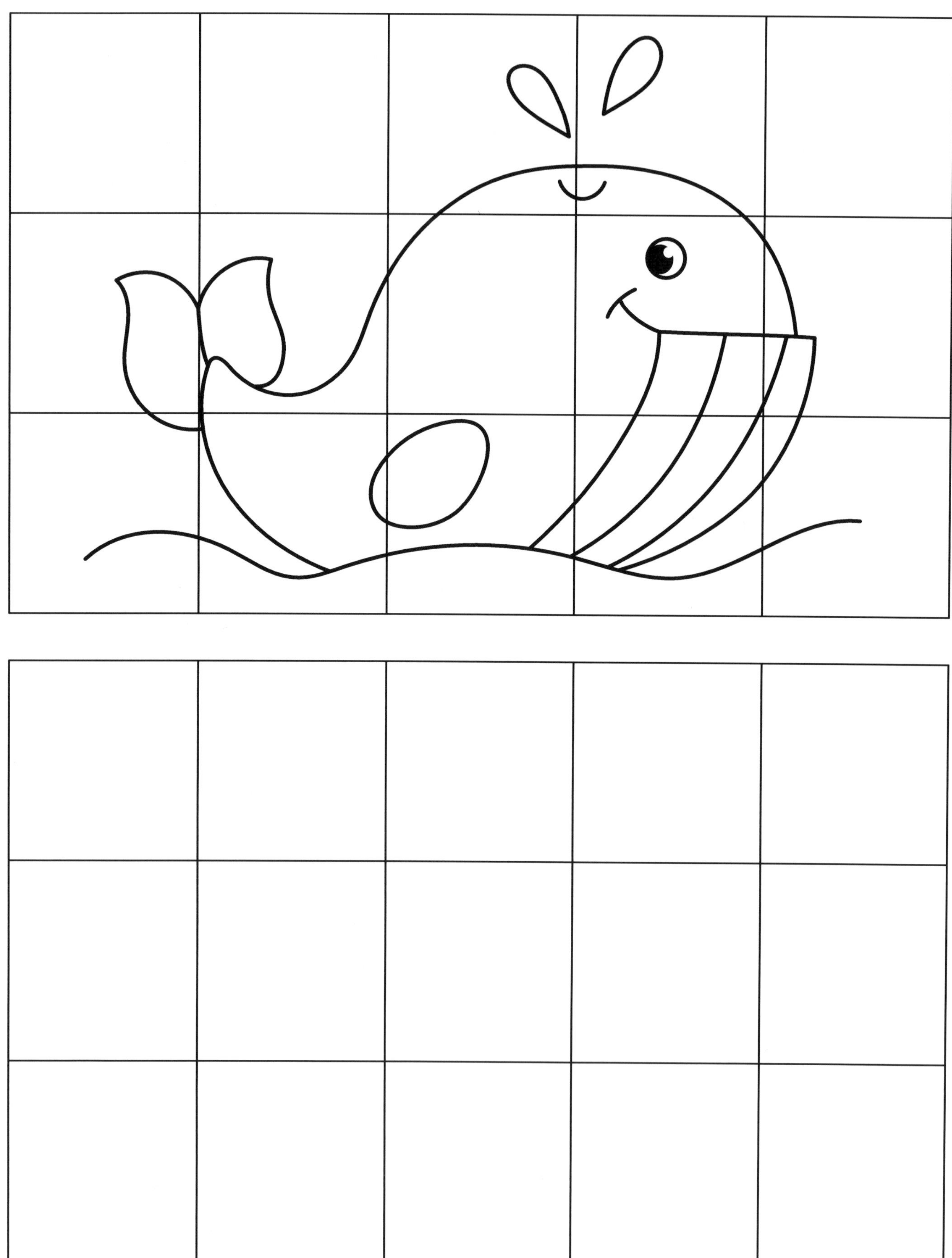

Ayuda al hada a encontrar su varita mágica

1 – amarillo 2 – marrón 3 – rosa 4 – azul
5 – naranja 6 – negro 7 – melocotón 8 – verde

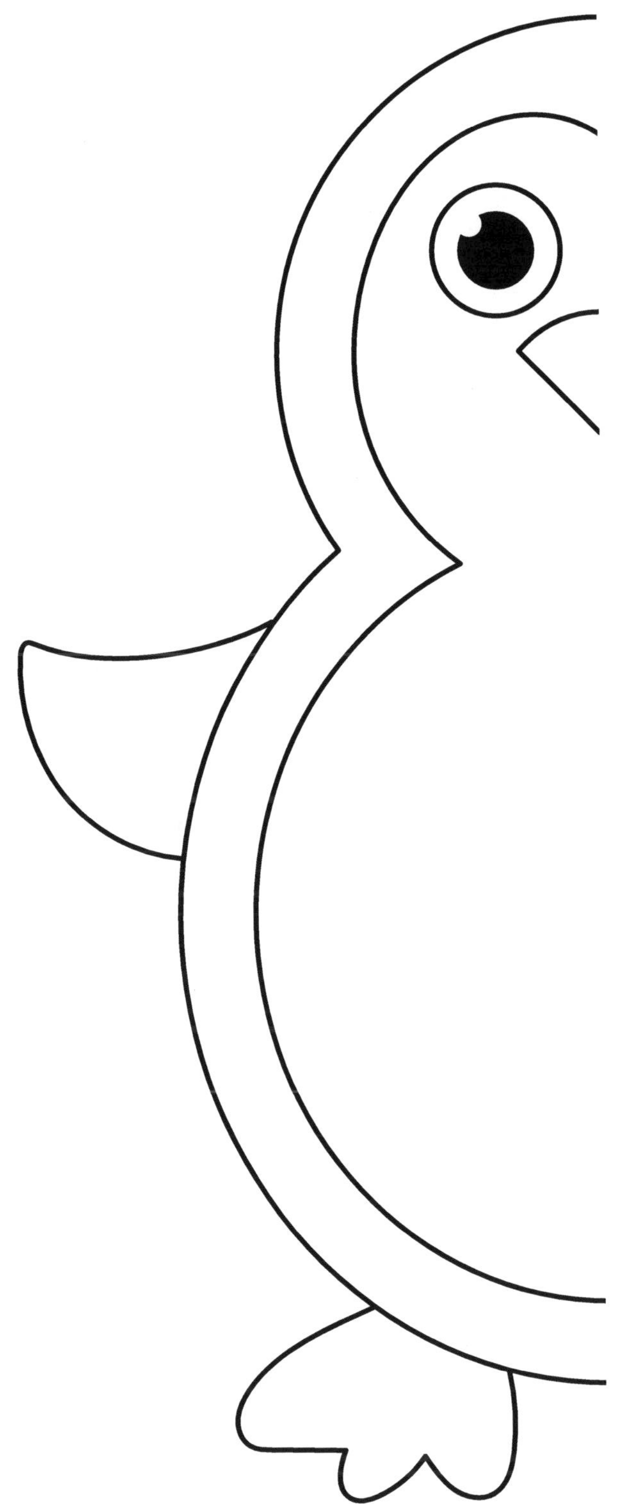

Sopa de letras sobre animales marinos

P	E	Z	L	Í	É	P	N	Y	Q
V	O	O	Ü	N	É	I	N	Ú	T
U	P	B	H	Ó	C	N	Í	B	B
Ú	L	K	N	R	O	G	F	É	A
Q	U	S	F	U	N	Ü	L	M	L
P	P	U	Z	B	N	I	E	H	L
K	Y	G	J	I	J	N	D	Q	E
B	E	M	W	T	F	O	C	A	N
M	A	N	T	A	R	R	A	Y	A
P	A	G	U	T	R	O	T	Z	S

Tiburón
Delfín
Foca
Pingüino
Ballena

Pez
Tortuga
Pulpo
Mantarraya

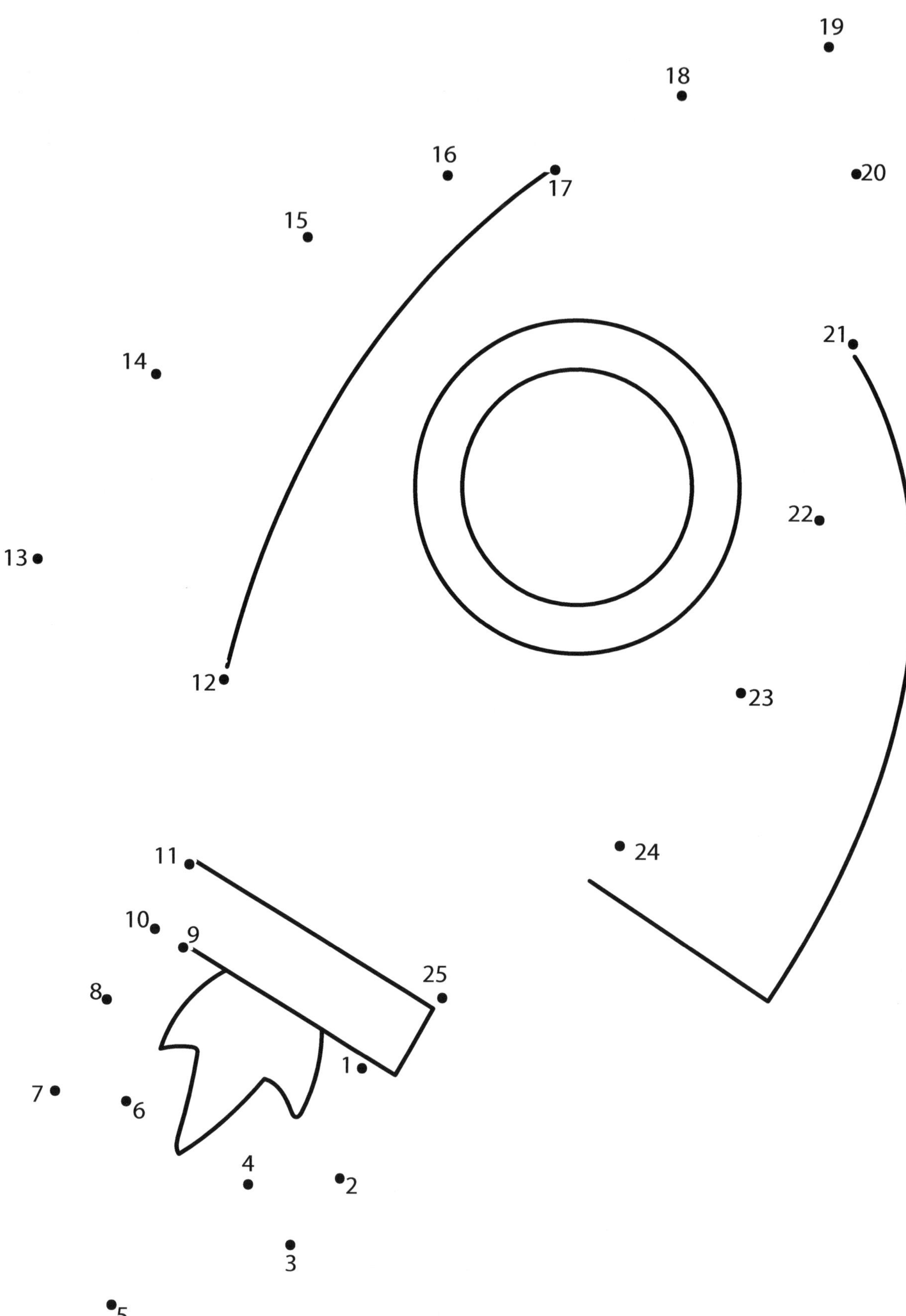
19
18
16
17
20
15
21
14
22
13
12
23
11
24
10
9
25
8
1
7
6
4
2
3
5

1 – rojo 2 – amarillo 3 – negro 4 – verde
5 – naranja 6 – marrón 7 – melocotón 8 – azul

inicio
fin

Sopa de letras sobre países

I	B	B	Y	C	H	I	N	A	A
I	N	D	I	A	P	R	K	Á	U
W	L	I	S	A	R	B	Á	D	S
A	N	I	T	N	E	G	R	A	T
E	S	P	A	Ñ	A	K	C	N	R
M	A	I	C	N	A	R	F	A	A
P	T	Ó	Y	D	H	V	J	C	L
A	R	R	E	T	A	L	G	N	I
M	G	G	S	Ó	T	H	Y	Q	A
O	G	D	C	A	I	N	E	K	H

Inglaterra
Francia
Brasil
Australia
China

España
Argentina
India
Kenia
Canadá

1 – verde 2 – marrón 3 – amarillo 4 – verde claro

5 – negro 6 – rojo 7 – azul 8 – celeste 9 – naranja

28
29
27
26
30
31
25
32
24
33
23
22
34
21
20
19
1
18
2
13
14
15
17
3
12
16
4
5
11
6
10
7
8
9

Sopa de letras sobre animales de granja

B	O	V	R	S	É	G	U	C	A
C	Q	R	A	H	D	E	Á	A	A
O	A	É	R	C	Y	B	T	B	J
N	G	B	N	U	A	W	Ñ	R	E
E	P	Q	A	F	B	T	U	A	V
J	S	T	Ó	L	C	E	R	D	O
O	Ó	P	O	L	L	O	R	K	Q
T	T	W	D	C	T	O	S	W	X
E	H	A	A	L	P	A	C	A	X
O	W	A	P	G	J	Z	Ó	Ó	P

Cerdo
Oveja
Vaca
Caballo
Pollo

Cabra
Conejo
Pato
Burro
Alpaca

1 – rojo 2 – rosa 3 – naranja 4 – verde
5 – morado 6 – turquesa 7 – amarillo 8 – azul

1 – rosa 2 – melocotón 3 – rojo 4 – verde 5 – morado

6 – azul 7 –naranja 8 – celeste 9 – negro

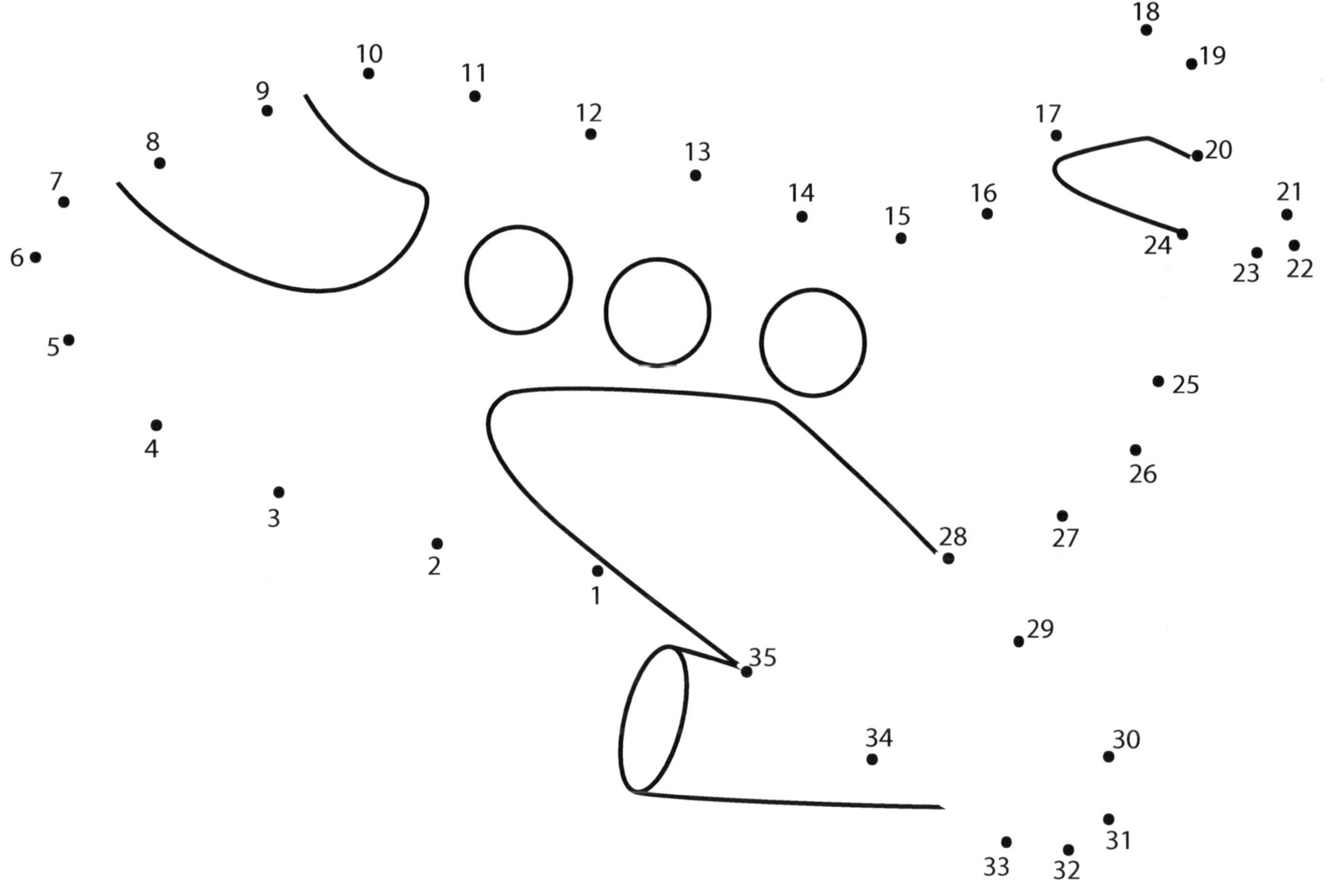

inicio
fin

Sopa de letras sobre verduras

A	N	E	J	N	E	R	E	B	Q
W	C	O	L	K	W	É	E	Ñ	N
P	E	P	I	N	O	Á	S	I	P
D	P	A	T	A	T	A	P	D	B
Z	A	N	A	H	O	R	I	A	R
G	P	H	H	O	C	B	N	V	Ó
X	N	Ó	Ñ	I	P	M	A	H	C
A	L	L	O	B	E	C	C	U	O
C	A	L	A	B	A	Z	A	F	L
N	I	T	Q	B	I	V	S	B	I

Zanahoria
Patata
Brócoli
Col
Espinacas

Berenjena
Pepino
Calabaza
Cebolla
Champiñón

1 – rosa 2 – morado 3 – verde 4 – celeste
5 – azul 6 – verde oscuro 7 – naranja

Encuentra las 5 diferencias entre estas imágenes

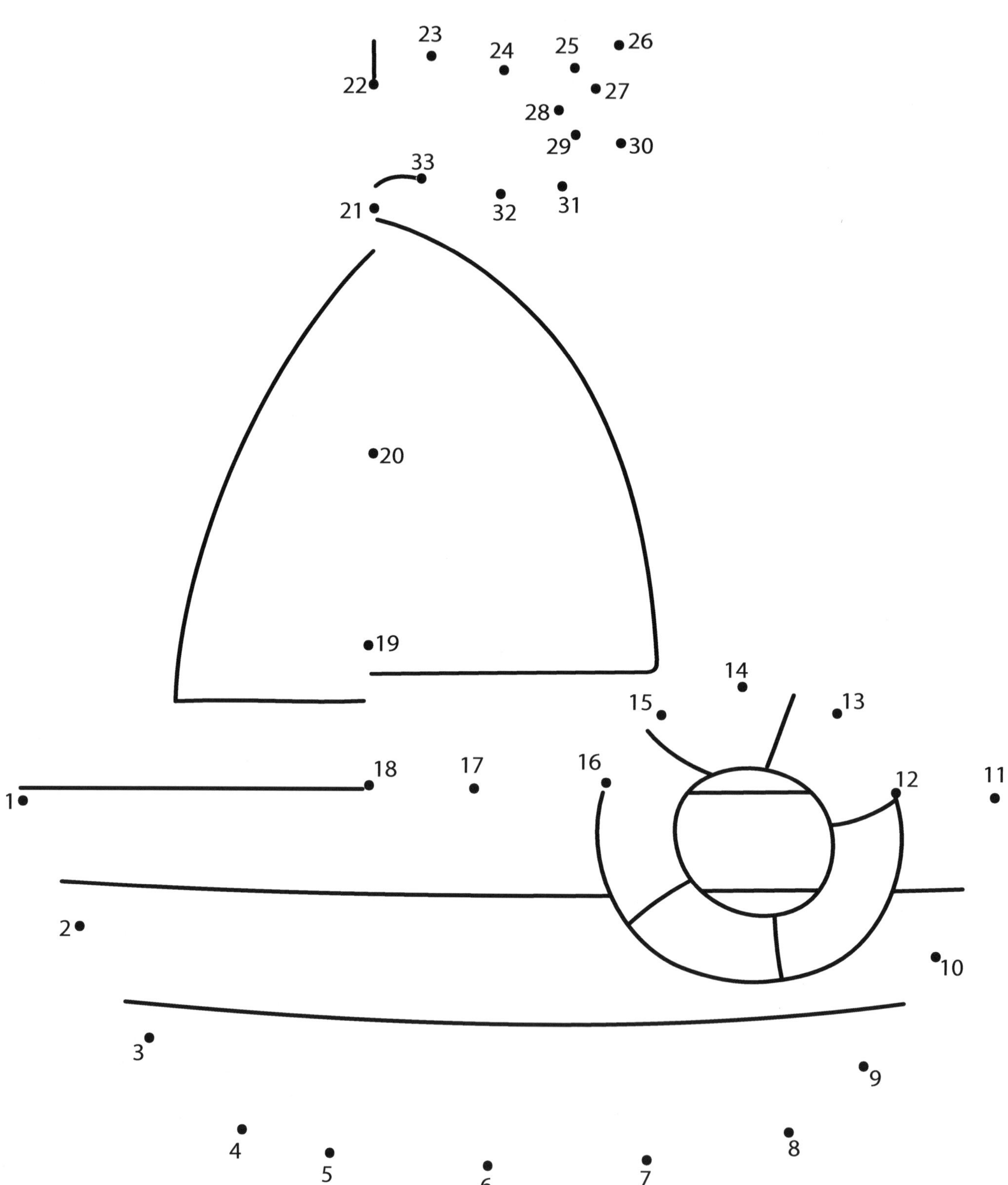
23
24
25
26
22
27
28
29
30
33
21
32
31
20
19
14
15
13
18
17
16
12
11
1
2
10
3
9
4
5
6
7
8

1 – marrón 2 – naranja 3 – marrón oscuro 4 – amarillo
5 – negro 6 – azul 7 – celeste 8 – verde

Encuentra las 8 diferencias entre estas imágenes

inicio
fin

1 – negro 2 – rosa 3 – verde 4 – verde oscuro
5 – marrón 6 – azul 7 – celeste 8 – blanco

Búsqueda de palabras de deportes

Ü	Q	L	S	O	N	K	O	F	R
Ü	I	O	A	T	T	G	E	Ú	U
N	O	B	H	S	E	N	G	T	G
A	A	S	O	E	N	U	O	B	B
D	S	I	C	C	I	Ú	L	O	Y
A	O	É	K	N	S	L	F	L	R
R	D	B	E	O	L	L	I	R	G
N	R	V	Y	L	Y	F	N	N	S
O	A	M	W	A	C	L	K	E	Ü
T	D	D	U	B	Y	R	I	M	M

Golf
Tenis
Fútbol
Hockey
Grillo

Béisbol
Baloncesto
Rugby
Dardos
Nadar

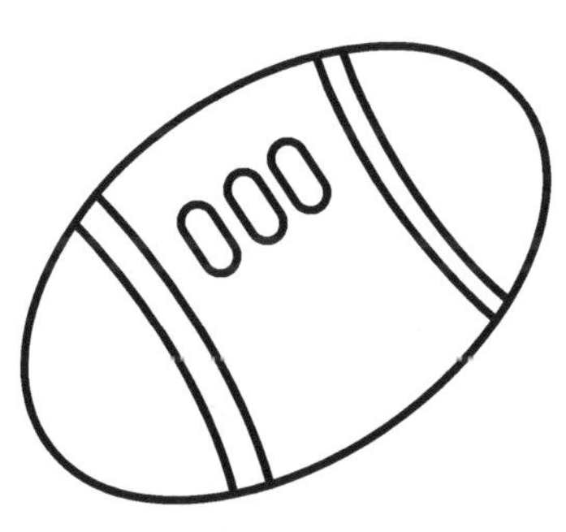

1
2
3
4
5
6
7
8
9
10
11
12
13
14
15
16
17
18
19
20
21
22
23
24
25
26
27
28
29
30
31
32
33

1 – naranja 2 – melocotón 3 – negro 4 – marrón
5 – verde 6 – celeste 7 –azul 8 – rosa

Encuentra las 6 diferencias entre estas imágenes

1 – amarillo 2 – naranja 3 – verde 4 – marrón
5 – melocotón 6 – azul 7 – celeste

1 – gris 2 – rosa 3 – marrón 4 – amarillo 5 – melocotón
6 – azul 7 – celeste 8 – verde 9 – negro

inicio
fin

1 – verde 2 – marrón 3 – azul 4 – turquesa
5 – rosa 6 – morado 7 – amarillo 8 – verde oscuro

Un regalo para ti

¡Muchas gracias por comprar este libro! Como presente para tus hijos, me encantaría ofrecerles algunos obsequios adicionales GRATUITOS para que los descarguen y disfruten.

Abre la cámara de tu teléfono (como si fueras a hacer una foto.) mantén el teléfono sobre el código QR de abajo, entonces aparecerá un enlace en tu pantalla. ¡Pulsa sobre el enlace para obtener tu descarga gratuita!

Sé que tus hijos disfrutarán de este libro tanto como yo he disfrutado al crearlo. Estaría muy agradecida de recibir una reseña tuya en Amazon. Así ayudarás a que este libro llegue a manos de más niños que podrían beneficiarse de él. ¡Muchas gracias por tu contribución!
Mel x

Cuando te sientas preparado para dejar una reseña, simplemente vuelve a esta página y utiliza tu teléfono para escanear el código QR de abajo. Te llevará directamente a la página de reseñas de Amazon.

¡Muchas gracias ,

Mel xo

Made in the USA
Las Vegas, NV
10 March 2024